國學經典譯注叢書

論語譯注

金良年　撰

上海古籍出版社

图书在版编目（CIP）数据

论语译注/金良年撰. 一上海：上海古籍出版社，
2012.8（2019.10 重印）
（国学经典译注丛书）
ISBN 978－7－5325－6401－9

Ⅰ.①论… Ⅱ.①金… Ⅲ.①儒家 ②论语－译文③论语－注释 Ⅳ.①B222.2

中国版本图书馆 CIP 数据核字(2012)第 047174 号

国学经典译注丛书
论语译注
金良年 撰
上海世纪出版股份有限公司
上 海 古 籍 出 版 社 出版
（上海瑞金二路 272 号 邮政编码 200020）
(1) 网址：www.guji.com.cn
(2) E－mail：gujil@guji.com.cn
(3) 易文网网址：www.ewen.co
上海世纪出版股份有限公司发行中心发行经销
常熟新骅印刷有限公司印刷
开本 700×1000 1/16 印张 14 插页 2 字数 195,000
2012 年 8 月第 1 版 2019 年 10 月第 10 次印刷
印数：33,101—39,400
ISBN 978－7－5325－6401－9
K·1563 定价：32.00 元
如有质量问题，请与承印公司联系

前　言

凡对中国传统文化稍有了解的人，都不会不知道孔子。孔子是我国古代儒家学派的开创者，他生于“礼崩乐坏”的春秋时代，以恢复古代的文化传统为己任，收徒讲学，奔走于列国，为自己的政治理想整整奋斗了一辈子。他在世时许多人对他的行为不很理解，有人甚至说他是“知其不可而为之”者，但他的弟子却认为自己的老师是个德行高尚的人，孔门擅言语的高材生子贡曾对人说：“仲尼先生是诋毁不了的。其他人中的贤者是丘陵，还能逾越；仲尼先生的为人是日月，是不可能逾越的。”他还说：“夫子的不可企及，犹如上天不能沿着台阶爬上去一样。夫子如果获得了国家、封邑，真所谓要使人们自立就自立，引导他们就前进，安抚他们就来归附，鼓动他们就应和。他在世时誉满天下，去世后备受哀悼，怎么能及得上呢？”如果说“仲尼不可毁”出自子贡之口还带有感情因素的话，那么对于二千年后的我们来说，这已是不可否认的事实。孔子之所以“不可毁”，并非指他的学说毫无缺点，而是说像这样一位对于民族文化传统具有重大影响的人物，是不可能也不应该简单加以否定或废弃的。本世纪七十年代初，美国有位名叫迈克尔·H·哈特的学者，选择了人类历史上有重大影响的一百位名人排列名次，孔子被排在第五位，仅次于耶稣基督和释迦牟尼等人。他说：

> 有几个原因可以说明孔子为什么对中国有着巨大的魔力。第一，人们都无容置疑地认为他为人真诚，个性完美。第二，他不偏不倚，讲求实际，他不要人们去做力所不及的事，而要求他们诚实，从不苛求他们白璧无瑕。从这些方面来看，在他的身上体现了中国人讲求实际的气质，也许这就是他的思想在中国取得巨大成功的关键所在。孔子不要求中国人改变他们的基本信念，而是用清晰生动的语言一再重申他们基本的传统理想。也许没有哪一种哲学能像孔子的那样与其国民的基本观点相连得这样密切了。

孔子学说只强调个人的责任而不是个人的权利,用当今西方标准来衡量这似乎未免有点迂腐和乏味。然而作为政治哲学,实践证明它的成效是显著的。根据这种哲学,为保持国内和平和繁荣所起的作用而论,大体说来中国是地球上治理最佳的地区。深深根基于中国文化之中的孔子的理想,对东亚以外的地区并没有产生广泛的影响。但他的理想对朝鲜和日本起着重大的作用,这两个国家都深受着中国文化的影响。

孔子毕生教学,并没有留下有系统的著作。相传儒家经典中的《易》、《书》、《诗》、《礼》、《春秋》都是经他亲手整理的古代文化典籍,曾用来作为教授学生的课本,据后人研究,这种说法并不可靠。我们今天要了解孔子的思想和学说,可信的最基本文献只有《论语》。《论语》是一部记载孔子及其弟子言论行事的著作。这部传统儒学的经典著作,对中国的文化传统、伦理思想有着深刻的影响,有人把它比作西方社会中的《圣经》,是非常恰当的。虽然有些学者指出,今本《论语》的某些篇章可能出于后人杜撰,但绝大多数人认为,这些可疑之处"顶多只是说掺杂着孔门弟子以及再传弟子中的不同传说而已。如果我们要研究孔子,仍然只能以《论语》为最可信赖的材料。"西汉还有一部与《论语》性质相近的《孔子家语》,可惜已散佚,现今存世的《家语》出于后人伪托,不可尽信。

关于《论语》一书的名称,《汉书·艺文志》云:"《论语》者,孔子应答弟子、时人及弟子相与言而接闻于夫子之语也。当时弟子各有所记。夫子既卒,门人相与辑而论纂,故谓之《论语》。""语"是古代的一种著作体裁,《周礼》郑玄注云:"答述曰语。"《礼记》注又云:"言,言己事也。为人说为语。"意思就是应答而陈述己见的叫做"语",或对人谈论的叫做"语",是区别于无一定对象直陈己说的"言"而言的。例如,《国语》就是分国记载春秋时代士大夫问答应对言论的著作,《国语》还征引过上古时代一部名为《训语》的书(《国语·郑语》),西汉时河间献王所传"道五均事"的著作名《乐元语》等等。西汉初年陆贾论述秦亡汉兴的著作称《新语》,所谓"新",是相对于"旧"而言,由此,先秦古籍中征引的"语曰"(如《荀子·正论》:"语曰'浅不足与测深,愚不足与谋知,坎井之蛙不可与语东海之乐'。")可能就出于这类"语书"。今人一般将此类"语曰"理解为俗语,其实,口头俗语当时一般称为"谚曰"、"人有言曰"而不称"语曰"。据记载,古代有专门记言的史官,"语书"多半是他们根据记录汇编而成的。这样一来,"论语"的"语"既是指孔子及其弟子的言论,又是一种著作的体裁。由于汉代的《论语》抄写于六尺长的竹简上,这种长度的竹简一般用来抄写儒生对“经”的说解之作，所以在两汉时，《论语》还有“记”、“传”的别名。

对于《论语》的汇编者，前人有多种说法。一般认为，今本《论语》非写定于一时，大约经过了几代人之手才最后编成。杨伯峻先生认为：“《论语》的编定者或者就是这班曾参的学生。因此，我们说《论语》的著笔当开始于春秋末期，而编辑成书则在战国初期，大概是接近于历史事实的。”（《论语译注·导言》）根据《汉书·艺文志》的记载，西汉初年有三种不同的《论语》本子：鲁人所传的《论语》为二十七篇、齐人所传的《论语》为二十二篇、出于孔壁的古文《论语》为二十一篇，三家传本除文字略有异同外，内容大同小异。西汉末年，汉成帝的老师张禹以“鲁论”为依据，参考“齐论”，“择善而从”，编为定本，号为“张侯论”。由于张禹的地位尊贵，所以他的本子被“立于学官”，为当时一般儒生所尊奉。东汉末年，郑玄“校‘鲁论’本以齐古读，正凡五十事”（《经典释文·叙录》）。今本《论语》就是在这个基础上形成的。

《论语》作为儒家的经典著作，很早就成为学派内部传述、研究的重点，到了西汉中期，儒家思想被确定为统治思想，对它的研究就更为兴盛了。到近代为止，据日本学者林泰辅《论语年谱》的不完全统计，有关的文献竟达三千种之多。其中最为著名，而且现在仍能见到的有以下几种：

东汉郑玄的《论语注》。郑玄是当时的经学大家，他的《论语注》在《论语》研究史上有极其重要的地位，原书虽然早已亡佚，但本世纪初以来，在敦煌、吐鲁番和其他古墓中陆续出土了该书的手抄本残卷，经拼缀复原，已大致能窥见它的全貌了。这是现在所能见到的最早《论语》注本，其价值自不待言。

三国曹魏何晏的《论语集解》。何晏是当时的玄学大家，他的《论语集解》汇集了东汉以前人对《论语》的研究成果，其中征引的文献十之八九现在已不存了。清以前，一般看不到单行的何晏《集解》，大约在清光绪年间从日本传来了他们在正平时（相当于中国的元代）所刻的《集解》，曾一度引起学术界的注目。何晏之后，有萧梁时代的皇侃为《集解》作疏，是宋以前最流行的《论语》注疏本。到了宋代，又有邢昺为之作疏，邢疏基本在皇疏的基础上成书，但又有新的发明，遂取代了皇疏的地位，成为“十三经”的标准注疏本。《四库提要》对此评价说：“其书大抵翦皇氏之枝蔓而稍傅以义理，汉学、宋学兹其转关。是疏出而皇疏微，迨伊、洛之说出而是疏又微。”

唐初陆德明的《论语音义》。该书是他所作《经典释文》的一部分，虽然不是系统注释《论语》的著作，但其中保存了丰富的旧注和异文，是研究《论语》必不可少的参考材料。尤其值得一提的是，陆德明在《释文》的“序录”中，详细地叙述了儒家经典的传述源流和注释者概况，由此可以了解经学在唐以前发展沿革的基本线索。近人吴承仕对这一部分有详细的《疏证》，可以参看。

宋代朱熹的《论语集注》。这部著作是宋代理学的代表性经典，朱熹通过对《论语》的注释，阐发了理学的基本思想，因注释中引用他人的说法较多，所以称为“集注”。朱熹为《论语》所作的注，虽然篇幅不大，但花费了他几乎大半生的精力心血。据他自己说，他从三十岁开始就对《论语》、《孟子》的注释下功夫推敲，直到近七十岁时还“改犹未了”，前后经“四十余年理会”（《语类》卷一九），甚至在他去世的前几天还在修改，确实做到了他自己所说的“毕力钻研，死而后已”（《文集》卷九五《答余正叔》）。正如经学史专家周予同先生所指出：朱熹对《论语》在内的“四书”所作的注释，“为其一生精力之所萃，其剖析疑似，辨别毫厘，远在《易本义》、《诗集传》等书之上。名物度数之间，虽时有疏忽之处，不免后人之讥议；然当微言大义之际，托经学以言哲学，实自有其宋学之主观的立场”（《周予同经学史论著选集·朱熹》第四章）。

清代刘宝楠的《论语正义》。这是清代学者为儒家经典所作新疏的代表作之一。其书大抵兼采汉、宋人的旧说，但征引繁富，去取大体得当。据说他为编著此书所做的资料长编有数十巨册之多。在最后成稿时，因病辍笔，由他的儿子刘恭冕续成，所以，这部书其实是他们父子二人的著作。刘恭冕在为全书所写的凡例中说：“注用《集解》者，所以存魏晋人著录之旧，而郑君遗注悉载疏内。至引疏文，实事求是，不专一家，故于注义之备者则据注以释经，略者则依经以补疏；其有违失未可从者，则先疏经文、次及注义。”由此可见其著作态度的审慎。

本书是为适合中等水平读者阅读而编著的一个普及读本，对经文的解释大体参考何晏、朱熹、刘宝楠三家的注释而断以己意。每章经文除译、注外，还设有【段意】对该章的要点略作提示，其说法基本取自前人，但也时有笔者自己的新解。本书的【译文】与【段意】部分，曾发表于笔者所译解的《白话四书》，此次收入本书，又吸取读者意见作了若干修订。笔者的水平有限，其中不可避免地会有错误、疏漏，敬请读者不吝指正。

金良年

目　录

学而第一

1.1　子曰[①]:"学而时习之,不亦说乎[②]?有朋自远方来[③],不亦乐乎?人不知而不愠[④],不亦君子乎[⑤]?"

【注释】

①子:古代对有学问、有道德男子的尊称,在本书中是指孔子。时:用以修饰"习"的副词,指一定或适当的时候。习:练习、温习。　②说(yuè 月):通"悦",高兴,快乐。　③朋:具有共同见解的人。有人认为,这里的"朋"是指弟子。自远方来:朱熹《论语集注》(以下简称《集注》)说:"自远方来,则近者可知。"形容自己学说的影响广泛。　④愠(yùn 韵):怨恨,发怒。　⑤君子:此指有道德、有修养的人。

【译文】

孔子说:"学了能按时温习,不也很快乐吗?有共同见解的人从远方来,不也很快乐吗?不为他人所理解而不怨恨,不也是君子吗?"

【段意】

此章从学习的角度阐述了君子的要求。这一章的三句话,由于缺失语境,很不容易确切解释,前人对此另有一解,谓"学而时习之"是指其学为时人所习,故而快乐;因而有人从远方来谈道就非常高兴,反之,不为人所知亦不怨恨。可备一说。

1.2　有子曰[①]:"其为人也孝弟[②],而好犯上者[③],鲜矣[④];不好犯上而好作乱者,未之有也。君子务本[⑤],本立而道生[⑥]。孝弟也者,其为仁之本与[⑦]!"

【注释】

①有子:鲁国人,名若,孔子的弟子。他的面貌很像孔子,所以孔子死后,孔门

弟子一度“相与共立为师,师之如夫子时也”。在《论语》中,对孔子的弟子一般都称字,唯独对有若和曾参特称为“子”,因此有人认为《论语》可能是他们两人的弟子所编集的。 ②其:语助词,表示虚拟或猜度。弟(tì 替):同“悌”,敬爱兄长。③好(hào 耗):喜好。 ④鲜(xiǎn 显):少。 ⑤务:致力于。本:根本、基础。 ⑥道:事物的基本道理。⑦为:实行、做。与:同“欤”,感叹词。

【译文】

有子说:“为人孝顺悌爱而喜好冒犯在上者的,很少见;不喜好冒犯在上者而喜好作乱的人,还从未有过。君子致力于根本,根本确立了,事物的基本道理就形成了。孝顺悌爱大概是实行仁的根本要点吧!”

【段意】

孔子曾教导有子,道德修养要从根本上着手。

1.3 子曰:“巧言令色①,鲜矣仁②!”

【注释】

①巧言:花言巧语。令色:修饰仪表。 ②鲜矣仁:朱熹《集注》云:“专言鲜,则绝无可知,学者所当深戒也。”

【译文】

孔子说:“花言巧语、仪容伪善,几乎就不具备仁了。”

【段意】

孔子认为,仁主要是内在的道德,外在表现是末节。花言巧语、仪容伪善都是为了取悦于他人而做的行为,所以几乎无仁德可言。

1.4 曾子曰①:“吾日三省吾身②:为人谋而不忠乎?与朋友交而不信乎③?传不习乎④?”

【注释】

①曾子:鲁国人,名参(shēn 身),字子舆,孔子的弟子。 ②吾:人称代词,我。日:每天。三:古人常以三、九来表示多的意思。此处正好列举了三件事,与“三省”巧合,不可因此释为“三次”或“三件事”。省(xǐng 醒):省察,检查自己的思想行为。 ③友:具有共同志向的人。 ④传(chuán 船):此指传授他人的学业。

【译文】

曾子说:“我每天多次省察自身:替他人谋事是否忠诚?与朋友交往是否守

信？传授他人的学业是否熟习了？”

【段意】

曾子认为，修身必须事事谨慎、天天自省。朱熹《集注》说：“曾子以此三者日省其身，有则改之，无则加勉，其自治诚切如此，可谓得为学之本矣。”

1.5　子曰：“道千乘之国[①]，敬事而信[②]，节用而爱人[③]，使民以时[④]。”

【注释】

①道：治理。千乘（shèng 剩）之国：具有千乘兵车的国家。春秋时代以兵车的数量来计算国家的实力，所谓“千乘之国”，指能动员千乘战车、千乘防御用车的国家，即拥有十万军队、八千匹战马和十万户居民。这在当时属于中等水平的诸侯国。　②敬：严肃慎重。　③人：指士大夫以上的统治阶层。　④使民以时：春、夏、秋三个季节不妨碍百姓从事农业生产，只在冬季征调劳动力。

【译文】

孔子说：“治理具有千乘兵车的国家，谨慎处事而守信，节约用度而爱护他人，按时令来役使民众。”

【段意】

此章是孔子论治国的大纲。

1.6　子曰：“弟子入则孝、出则弟[①]，谨而信，汎爱众而亲仁[②]。行有余力[③]，则以学文[④]。”

【注释】

①弟子：此指年纪幼小的人。　②汎：同“泛”，广泛。　③行：指做到以上这些事。　④文：朱熹《集注》取郑玄的说法，认为此处的“文”是指古代贵族必修的礼（礼仪）、乐（音乐）、射（射箭）、御（驾车）、书（书法）、数（算术）等六项技艺。

【译文】

孔子说：“后辈小子在家孝顺、出外悌爱，谨慎而守信，泛爱众人而亲近仁者。做到这些还有余力，就用来学习技艺。”

【段意】

此章说，学习以修身、实践为本，艺文的修习是次要的。

1.7 子夏曰[①]:"贤贤易色[②],事父母能竭其力,事君能致其身[③],与朋友交言而有信[④]。虽曰未学,吾必谓之学矣。"

【注释】

①子夏:卫国人,姓卜,名商,子夏是他的字。孔子的弟子,孔门高材生,擅文学。 ②贤贤:敬重德行。前一个"贤"作动词用。易色:轻视容貌。 ③致:献出。 ④交:交往。

【译文】

子夏说:"敬重德行而不看重容貌,事奉父母能竭尽其力,事奉君主能献出自己的生命,与朋友交往言而有信。即使自称未曾学习,我必定说他学了。"

【段意】

学习的根本目的是完善品德,如果达到了要求,就等于是学了。

1.8 子曰:"君子不重则不威,学则不固。主忠信[①],无友不如己者[②],过则勿惮改[③]。"

【注释】

①主:为主。郑玄《论语注》释为亲近,亦通。 ②无:通"毋",不要。友:此作动词用,结交。 ③过:过错。惮:害怕。

【译文】

孔子说:"君子不庄重就不威严,所学就不稳固。以忠诚守信为主,不要与不如自己的人交往,有了过错就不要怕改正。"

【段意】

此章是讲君子自我修养的功夫。

1.9 曾子曰:"慎终追远[①],民德归厚矣。"

【注释】

①慎终:慎重处理父母的丧事。追远:刘宝楠《正义》云:"言凡父祖已殁,虽久远,当时追祭之也。"下文既谓"民德归厚矣",显见以上是指统治者的行为,《左传·成公十三年》云:"国之大事,在祀与戎。"

【译文】

曾子说:"谨慎送终、追念远祖,民众的德行就归于淳厚了。"

【段意】

此章是说统治者应如何以自己的行为来影响民众的道德。

1.10 子禽问于子贡曰[①]:“夫子至于是邦也[②],必闻其政,求之与,抑与之与[③]?”子贡曰:“夫子温、良、恭、俭、让以得之。夫子之求之也,其诸异乎人之求之与[④]。”

【注释】

①子禽:姓陈,名亢(kánɡ 抗)。郑玄《论语注》说他是孔子的学生,但从本书《子张》篇的最后一章来看似乎又不像,故而朱熹《集注》怀疑他是子贡的学生。子贡:卫国人,姓端木,名赐,子贡是他的字。孔子的弟子,擅言语。 ②夫子:当时对曾经当过大夫的人的敬称,后来也用来称呼长者。邦:指国家。 ③抑:或者、还是。 ④其诸:表示或然的语气词。

【译文】

子禽问子贡说:“夫子来到一个国家,必定知悉它的政务,是特意去打听的呢,还是人家告诉他的呢?”子贡说:“夫子凭藉温顺、和善、恭敬、节制、谦逊而得知的。即使夫子特意去打听,恐怕也不同于别人的打听吧。”

【段意】

此章主要说孔子德行的感召力。

1.11 子曰:“父在,观其志[①];父没,观其行[②]。三年无改于父之道[③],可谓孝矣。”

【注释】

①观其志:观察父亲的志向。意思是说,父亲在世时,当儿子的不能自专,应该顺从父亲的志向。 ②观其行:观察父亲的行为。意思是说,父亲去世后,应该遵循父亲生前的行为。 ③三年:古人以三年子女为父母的服丧期,所以此处的“三年”当指实数。

【译文】

孔子说:“父亲在世,观察他的志向;父亲去世,观察他的行为。三年不改变父亲的准则,可以说是孝了。”

【段意】

此章说孝的行为。儒家认为,孝包括抚养父母,但主要不在于生活方面,而在于感情上的抚慰。父母最感欣慰的莫过于子女有所作为,因此,遵循父亲的训诫也是孝的一种具体表现。其次,在传统社会中,老年人的经验很有价值,一般情况下不可轻易否定,从这个意义上说,孝又是保持传统延续的手段。至于“父之道”是否一定不能改变,朱熹《集注》引尹氏说云:“如其道,虽终身无改可也;如其非道，何待三年。然则三年无改者，孝子之心有所不忍故也。”

1.12　有子曰：“礼之用，和为贵。先王之道①，斯为美②。小大由之③，有所不行，知和而和，不以礼节之亦不可行也。”

【注释】

①先王：前代君王。　②斯：此。　③由：遵循。

【译文】

有子说：“礼的作用，和谐为重。先王的准则，以此为美。大小事情都遵循它，有的地方不照办，是因为知道和谐虽然是和谐了，但如果不用礼来节制也是行不通的。”

【段意】

有子认为，和是礼的最高境界，但必须是用礼来加以节制的和。

1.13　有子曰：“信近于义，言可复也①。恭近于礼，远耻辱也。因不失其亲②，亦可宗也③。”

【注释】

①复：复核、检验。　②因：依藉。失：失去、离开。　③宗：效法。

【译文】

有子说：“守信接近义，是说的话经得起检验的缘故。恭敬接近礼，是远离耻辱的缘故。所依藉的不离开自己的亲人，也是能效法的。”

【段意】

此章的意思是说，道德修养可以从相近的小事上做起。

1.14　子曰：“君子食无求饱，居无求安，敏于事而慎于言，就有道而正焉①，可谓好学也已。”

【注释】

①就：请求。有道：朱熹《集注》云：“凡言道者，皆谓事物当然之理，人所共由者也。”

【译文】

孔子说：“君子饮食不要求饱，居住不要求舒适，敏捷处事而谨慎言语，请求有道者匡正，可以说是好学了。”

【段意】

此章是说好学者的行为。

1.15 子贡曰:“贫而无谄,富而无骄,何如?”子曰:“可也,未若贫而乐①,富而好礼者也。”

子贡曰:“《诗》云‘如切如磋,如琢如磨’②,其斯之谓与!”子曰:“赐也,始可与言《诗》已矣,告诸往而知来者③。”

【注释】

①未若:不如、及不上。贫而乐:《史记·仲尼弟子列传》引此句作“贫而乐道”,与下文“富而好礼”对举,当系古本,但此处不加“道”字亦通。 ②《诗》云:此处引文出《诗·卫风·淇奥》。切、磋、琢、磨是加工玉器的不同工序,《尔雅·释器》则说是指加工骨角、象牙、玉、石不同质料的工艺。 ③诸:之于。往:过去,此指已知的东西。知来:此指推及其他的东西,即本书《述而》篇中所要求的“举一隅而以三隅反”。

【译文】

子贡说:“贫困而不谄媚,富有而不傲慢,怎么样?”孔子说:“可以啊,但不如贫困而快乐,富有而喜好礼。”

子贡说:“《诗·卫风·淇奥》说‘切割锉削,琢磨打光’,就是这个意思吧!”孔子说:“赐啊,可以开始和你谈《诗》了,告诉你道理就能知道其他的东西了。”

【段意】

孔子教导子贡,修养不仅是行善,更主要的是乐道。子贡由此悟到了学习要不断深化的道理。

1.16 子曰:“不患人之不己知①,患不知人也。”

【注释】

①己知:不了解自己。

【译文】

孔子说:“不担心别人不了解我,担心我不了解别人。”

【段意】

此章告诉人们,遇到问题首先应寻求自身的原因。

为政第二

2.1　子曰:“为政以德,譬如北辰居其所而众星共之①。”

【注释】

①北辰:北极星。地球围绕自转轴进行自转,在北半球上的人看来,天上的星辰好像都围绕着天球上的某一点在旋转,这一点就是天北极。在上古时代,由于观测手段的限制,人们认为天北极与某颗星重合,并将这颗星称为“北辰”。后来才知道这个认识是不确切的。

【译文】

孔子说:“用德行来治理国政,如同北极星处在自己的位置上而众多的星辰拱卫它。”

【段意】

此章是说,治理国政要把道德教育放在第一位。

2.2　子曰:“《诗》三百①,一言以蔽之②,曰‘思无邪’③。”

【注释】

①《诗》三百:即儒家经典中的《诗经》。现在我们所见到的包括三百零五篇诗歌的本子,过去都认为是经过孔子编辑整理而形成的,实际上,在孔子以前它已经存在了,那是经过长期流传整理形成的结果,孔子可能只是依据这个本子又进行了重编而已。　②蔽:概括、囊括。　③思无邪:语出《诗·鲁颂·駉》。所谓“思无邪”是说国君除此之外不考虑其他,孔子借用这句话来概括《诗》的思想倾向。

【译文】

孔子说:“《诗》三百篇,用一句话来概括,就是思虑没有邪念。”

【段意】

此章是孔子对《诗》思想内容的评价,同时也体现了孔子衡量文艺作品的标准。

2.3 子曰:"道之以政[①],齐之以刑[②],民免而无耻;道之以德,齐之以礼,有耻且格[③]。"

【注释】

①道:通"导",引导、教导。政:相当于现在所说的行政手段。 ②齐:规范、整治。 ③格:亲近、服从。

【译文】

孔子说:"用政令来教导,用刑法来整治,民众苟免刑罚但缺乏廉耻;用德行来教导,用礼仪来整治,民众有廉耻而且敬服。"

【段意】

孔子认为,单用政令、刑法来治民虽然有效,但并非完美,应该以道德教育来贯穿始终。

2.4 子曰:"吾十有五而志于学[①],三十而立[②],四十而不惑,五十而知天命[③],六十而耳顺[④],七十而从心所欲不逾矩[⑤]。"

【注释】

①有:同"又"。商周时代,在称呼与整十、整百相连的零数时,往往在中间加"又"或"有"。志于学:据前人的注释,古代孩子在十五岁时进入高等学校学习处世事君的"大人之道"。 ②立:自立,即确立了人生目标。 ③天命:此指事物发展的根本规律。 ④耳顺:郑玄曰:"耳闻其言而知其微旨。"一说是对任何话都不介意。 ⑤从:同"纵",放任。矩:法度。

【译文】

孔子说:"我十五岁有志于学习,三十岁自立,四十岁不疑惑,五十岁了解天命,六十岁听到什么都能领悟,七十岁随心所欲而不逾越法度。"

【段意】

此章是孔子自述修身的进程。孔子认为,必须经过从自律到自觉的飞跃,才能达到修养的最高境界。

2.5 孟懿子问孝[①],子曰:"无违。"

樊迟御[②],子告之曰:"孟孙问孝于我,我对曰'无违'。"樊迟曰:"何谓也?"子曰:"生,事之以礼;死,葬之以礼,祭之以礼。"

【注释】

①孟懿子：姓仲孙，名何忌（亦作"忌"），鲁国大夫，"懿"是他死后的谥号。②樊迟：齐国人（司马贞《索隐》引《家语》说他是鲁国人），名须，字子迟，孔子的弟子。御：为孔子驾车。

【译文】

孟懿子询问孝，孔子说："不违背。"

樊迟为孔子驾车，孔子告诉他说："孟孙向我询问孝，我答复说'不违背'。"樊迟说："什么意思呢？"孔子说："活着，以礼事奉；死了，以礼安葬，以礼祭祀。"

【段意】

此章是说，孝的精髓是合乎礼。

2.6　孟武伯问孝[①]，子曰："父母唯其疾之忧[②]。"

【注释】

①孟武伯：名彘，孟懿子的儿子，"武"是他死后的谥号。②其：人称代词，此处所指称对象诸说不一，有的说指父母，有的说指子女，这里取子女说。

【译文】

孟武伯询问孝，孔子说："不令父母亲为子女担忧。"

【段意】

此章揭示了孝行最起码的要求。

2.7　子游问孝[①]，子曰："今之孝者是谓能养，至于犬马皆能有养，不敬，何以别乎？"

【注释】

①子游：吴国人，姓言，名偃，子游是他的字。孔子的弟子，文学科的高材生。

【译文】

子游询问孝，孔子说："现今的孝是指能奉养，人们对狗马都能有所饲养，不恭敬，以什么来区别呢？"

【段意】

此章是说，孝以恭敬为本。

2.8　子夏问孝，子曰："色难[①]。有事弟子服其劳，有酒食先生馔[②]，曾是以为孝乎[③]？"

【注释】

①色难:此句有省略,前人说法不一,结合下文来看,当指子女侍奉父母时的容色很难。 ②馔(zhuàn 篆):吃喝、享用。 ③曾:段玉裁《说文解字注》说,此处的曾当释为乃。

【译文】

子夏询问孝,孔子说:"难在容色。有了事情由子女去效劳,有了酒食让长辈来享用,这就可认为是孝了吗?"

【段意】

此章与上一章的基本意思相同,在表情上顺从父母的意愿也是恭敬的具体表现。

2.9 子曰:"吾与回言终日[①],不违如愚。退而省其私[②],亦足以发,回也不愚。"

【注释】

①回:颜回,鲁国人,字子渊。孔子的弟子,德行科的高材生。 ②退而省其私:前人对此句有二种说法,一说是颜回回去后自己进行研究,一说是孔子观察颜回回家后的作为。此处取后一种解释。

【译文】

孔子说:"我和颜回言谈终日,他无所问难如同愚人。他回去后,我观察他独处时的作为,也都能发扬所说的道理,颜回不愚蠢啊!"

【段意】

此章是孔子赞美颜回的学习态度。

2.10 子曰:"视其所以[①],观其所由[②],察其所安,人焉廋哉[③]?人焉廋哉?"

【注释】

①以:作为。 ②由:途径,此处作经历解。 ③廋(sōu 搜):隐瞒。

【译文】

孔子说:"观看他的作为,考察他的经历,了解他安于什么,此人还能隐瞒什么呢?此人还能隐瞒什么呢?"

【段意】

此章是说观察人的方法。

2.11　子曰："温故而知新[1]，可以为师矣。"

【注释】

①温故而知新：前人对此句有二种解释，一说是通过温习旧有的知识而得到新的体会，一说是既不遗忘旧有的知识又学习新的东西。此处取后一说。

【译文】

孔子说："温习旧有的知识，了解新的知识，就能成为老师了。"

【段意】

孔子认为，已经学得的知识必须经常温习、整理，同时不能忽视学习新知识。这一章从一个侧面体现了孔子"学而不厌"的教育主张。

2.12　子曰："君子不器[1]。"

【注释】

①器：器皿。器皿都有专门的用途，喻指专门的人才、特定的才能。

【译文】

孔子说："君子不是器皿。"

【段意】

在儒家学说中，君子是一种比较完美的道德要求。孔子和他的学生经常探讨君子标准、内涵以及作为君子的种种表现。在这一章中，孔子认为，君子应该兼备各种才能，其用不拘一格。

2.13　子贡问君子，子曰："先行其言而后从之[1]。"

【注释】

①先行其言而后从之：朱熹《集注》引周氏说云："先行其言者，行之于未言之前；而后从之者，言之于既行之后。"

【译文】

子贡询问君子，孔子说："先做，然后再说并且贯彻到底。"

【段意】

孔子勉励子贡，学做君子要从实践着手，不要停留在口头上。

2.14　子曰："君子周而不比[1]，小人比而不周。"

【注释】

①周而不比：郑玄云："忠信为周，阿党为比。"

【译文】

孔子说："君子忠信而不勾结，小人勾结而不忠信。"

【段意】

这章是说君子与小人的区别。儒家所谓的小人，不是指某个社会阶层，而是与君子对立的一种道德行为。

2.15 子曰："学而不思则罔①，思而不学则殆②。"

【注释】

①罔：迷茫、受欺蒙。 ②殆：危险。一说此处的殆是指精神疲惫。

【译文】

孔子说："学习而不思考就迷茫，思考而不学习就危险。"

【段意】

孔子很重视在学习中的独立思考，在《论语》的许多章节中可以看到，他很赞赏学生在领会自己教诲时能有所发明。这一章中，他同时告诫学生，思考问题必须与学习结合起来，否则就不能达到预期的效果。

2.16 子曰："攻乎异端①，斯害也已②！"

【注释】

①攻：攻治、学习。 ②也已：句末助词，无义。

【译文】

孔子说："学习异端邪说，这才是祸害啊！"

【段意】

孔子认为，异端邪说是极其有害的。

2.17 子曰："由①，诲女知之乎②！知之为知之，不知为不知，是知也。"

【注释】

①由：仲由，字子路，卞（在今山东泗水以东）人。孔子的弟子，政事科的高材生。 ②诲：教诲。

【译文】

孔子说："由，我来告诉你什么是知吧！知道就是知道，不知道就是不知道，这就是知。"

【段意】

孔子认为，学习是老老实实的事，承认自己有不懂的地方，本身就是认识上的一种进步。

2.18　子张学干禄[①]，子曰："多闻阙疑，慎言其余，则寡尤[②]；多见阙殆[③]，慎行其余，则寡悔。言寡尤、行寡悔，禄在其中矣。"

【注释】

①子张：陈国人，姓颛孙，名师，子张是他的字。孔子的弟子。学：《史记·仲尼弟子列传》引此句作"问"，当出于古本《论语》。干禄：求取禄位，即从政。②尤：过错。　③殆：一说此处的殆与疑同义。

【译文】

子张学习干求禄位，孔子说："多听，保留疑问，慎重地谈其余的，就会减少错误；多看，避开危险，慎重地实行其余的，就能减少悔恨。言语减少了错误、行为减少了悔恨，俸禄就在其中了。"

【段意】

子张想向孔子学习从政的知识，孔子教导他，首先要端正态度。

2.19　哀公问曰[①]："何为则民服？"孔子对曰："举直错诸枉[②]，则民服；举枉错诸直，则民不服。"

【注释】

①哀公：鲁哀公，名蒋，"哀"是他死后的谥号，公元前494—前466年在位。②错：通"措"，作放置解。

【译文】

鲁哀公问道："怎样做才能使民众服从？"孔子说："将正直者置于邪恶者之上，民众就服从；将邪恶者置于正直者之上，民众就不服从。"

【段意】

此章是说，统治者要增强民众的凝聚力，必须提倡正气、扶持正气。

2.20　季康子问[①]："使民敬、忠以劝[②]，如之何？"子曰："临之以庄则敬，孝慈则忠，举善而教不能则劝。"

【注释】

①季康子：鲁国贵族，名肥，在鲁哀公时执掌大权，"康"是他死后的谥号。

②以：在此处作连词用。

【译文】

季康子问道："使民众恭敬、忠诚并努力，怎样做呢？"孔子说："用庄重来对待他们，他们就恭敬；孝顺长者、爱抚幼小，他们就忠诚；举用善者而教诲无能的人，他们就努力。"

【段意】

这一章的基本意思与上一章相同，但着重点主要在个人的行为表率上。

2.21 或谓孔子曰[1]："子奚不为政？"子曰："《书》云[2]：'孝乎？惟孝，友于兄弟[3]，施于有政[4]。'是亦为政，奚其为为政？"

【注释】

①或：有人。 ②《书》：指上古流传下来的文献，现在儒家经典中的《尚书》即后人从中选编而成。过去传说经孔子整理成书，是没有根据的，据研究，孔子在世时它们还没有编定。此处所引的文句，见于伪古文《尚书》中的《君陈》篇。③友：友爱。 ④施：推及。

【译文】

有人对孔子说："你为什么不去治理国政？"孔子说："《书》说：'孝是什么？所谓孝就是友爱兄弟，并推孝而及国政。'这也是治理国政，此外什么是治理国政呢？"

【段意】

在古时候，国就是家的扩大，所以，治国和治家的道理是相通的。这一观点，也就是后来在《大学》里得到进一步发挥的"修身、齐家、治国、平天下"。

2.22 子曰："人而无信，不知其可也。大车无輗[1]，小车无軏，其何以行之哉？"

【注释】

①輗（nǐ 泥）：车前端与车衡衔接的关键。下句"軏"（yuè 月）的涵义与此相同。

【译文】

孔子说："作为人而没有信用，不知他怎么可以。大车没有輗，小车没有軏，凭藉什么来行驶呢？"

【段意】

孔子认为，信是一个人立身处世的根本。

2.23 子张问:“十世可知也?”

子曰:“殷因于夏礼①,所损益可知也;周因于殷礼②,所损益可知也。其或继周者,虽百世可知也。”

【注释】

①殷:亦名商,上古朝代名,公元前16世纪灭夏后建立,公元前11世纪被周所灭。因:因循、沿袭。夏:相传是我国历史上第一个朝代,由禹的儿子启于公元前21世纪所建立,公元前16世纪被商所灭。 ②周:上古朝代名,公元前11世纪灭商后建立,公元前256年为秦所灭。

【译文】

子张问道:“十世以后的事能知晓吗?”

孔子说:“殷代沿袭夏代的礼制,所增减的能知晓;周代沿袭殷代的礼制,所增减的能知晓。如果有谁继承周代,即使一百世也能知晓。”

【段意】

这一章主要说明了“观往知来”的道理。在古时候,典制的沿革关系到统治的盛衰久暂,因此,孔子教导子张,要从典制的沿革上去观察未来。

2.24 子曰:“非其鬼而祭之①,谄也②;见义不为,无勇也。”

【注释】

①鬼:当时一般指自己死去的祖先。祭:祭祀。 ②谄(chǎn 产):谄媚。

【译文】

孔子说:“不是自己的鬼神而去祭祀,是谄媚;见到合乎义的事不去做,是没有勇。”

【段意】

此章是说,处事要得当,不要过分(不是自己的鬼神而去祭祀),也不要不及(见到合乎义的事不去做)。

八 佾 第 三

3.1 孔子谓季氏[①],“八佾舞于庭[②],是可忍也,孰不可忍也?”

【注释】

①季氏:指当时执掌鲁国大权的贵族季孙氏。 ②八佾(yì 逸):八八行列的舞队(六十四人),按礼制规定,只有天子才能使用这种舞队。诸侯的舞队应该是六六行列(三十六人),大夫的舞队则是四四行列(十六人),像季孙氏那样的诸侯国大夫只能用四四行列舞队。

【译文】

孔子谈到季氏,说“他使用八八行列的舞队在厅堂上乐舞,这样的事情能容忍,还有什么不能容忍呢?”

【段意】

此章是孔子对鲁国政务的批评,当时执掌大权的贵族季孙氏居然用起了天子规格的舞队,在孔子看来,这是绝不能容忍的,所以发了以上这一通议论。在古代的等级社会中,制度的僭越,向来是统治衰微的象征。

3.2 三家者以《雍》撤[①],子曰:“‘相维辟公,天子穆穆’[②],奚取于三家之堂?”

【注释】

①三家:当时执掌鲁国大权的叔孙、孟孙、季孙三家贵族,他们都是鲁桓公(公元前711—前694年在位)的后裔,所以亦称“三桓”。《雍》:一般认为,它就是《诗·周颂》中的同名诗篇。这是天子在宗庙祭祀时用以撤除祭品的乐歌。 ②相:协助。维:语助词,无义。辟:诸侯国君。公:夏、殷王室的后裔。

【译文】

仲孙、叔孙、孟孙三家用《雍》来撤除祭品,孔子说:“《雍》说:‘诸侯恭敬助祭,天子肃穆主祭。’怎么拿它用在这三家的厅堂上呢?”

【段意】

这一章的意思与上一章相同。

3.3 子曰:"人而不仁,如礼何[①]? 人而不仁,如乐何?"

【注释】

①如礼何:意思是说,把礼放到是说什么位置上去了呢? 一说,其意为礼拿他有什么办法呢?

【译文】

孔子说:"作为人却不仁,怎么来对待礼呢? 作为人却不仁,怎么来对待乐呢?"

【段意】

有人认为,这一章也是针对季氏破坏礼乐制度而发。在儒家学说中,礼乐是典制的主要骨干,孔子曾多次以"礼崩乐坏"来表达自己对统治制度被破坏的愤慨。从这一章可以看出,孔子把礼乐制度的维系归结为德行是否仁的问题,也就是说,仁是礼乐的根本。

3.4 林放问礼之本[①],子曰:"大哉问! 礼,与其奢也,宁俭;丧,与其易也[②],宁戚[③]。"

【注释】

①林放:鲁国人,一说他是孔子的弟子。 ②易:此指周到、具全。 ③戚:悲哀。

【译文】

林放询问礼的要义,孔子说:"问得重要啊! 礼与其奢侈,不如俭约;丧葬与其周全,不如尽哀。"

【段意】

礼有外在的仪式与内在的意义两个方面,一般人往往容易注重形式,而忽视内在实质,孔子认为,礼的内在实质比它的形式更重要。

3.5 子曰:"夷狄之有君[①],不如诸夏之亡也[②]。"

【注释】

①夷狄:泛指边地的少数民族。 ②诸夏:中原地区。亡:通"无"。

【译文】

孔子说:"边地蛮族有君主,不如中土没有君主。"

【段意】

这一章从文义上看,是赞美中原地区文化的先进。据说,后来女真人打到山东时,曾对着孔子的像斥责他说了这句话,而孔子也确实有"内诸夏而外夷狄"的思想。但是,就这段话来说,有相当多的学者认为,这是孔子对当时周天子势力衰微所表达的愤慨。既然文明程度不高的"夷狄"尚且知道要有君主,文化一向发达的中原地区反而却无视天子,难道不感到羞愧吗?

3.6 季氏旅于泰山[①],子谓冉有曰[②]:"女弗能救与[③]?"对曰:"不能。"子曰:"呜呼!曾谓泰山不如林放乎?"

【注释】

①旅于泰山:祭祀泰山。旅是一种祭祀的名称。按规定,当时只有天子和诸侯才有资格祭祀境内的山岳。 ②冉有:鲁国人,姓冉,名求,字子有。孔子的弟子,擅政事。 ③女:通"汝",你。

【译文】

季氏祭泰山,孔子对冉求说:"你不能挽回吗?"冉求答道:"不能。"孔子说:"呜呼!难道泰山居然还不如林放吗?"

【段意】

根据礼制,诸侯国疆土内的山岳,应该由诸侯来主持祭祀,季氏要去祭泰山实际是一种僭礼的行为。当时冉求正担任季氏的家臣,所以孔子要责问他为什么不阻止季氏。当孔子得知这件事已经无可挽回时,说了"难道泰山居然还不如林放"的话。这句话有两层涵义。其一,是希望季氏懂得不当祭而祭,神是不会领受的道理,从而停止僭礼行为;其二,是以林放(在本篇的前二章中,他曾向孔子询问礼的要义)来勉励冉有,在大是大非问题上不能掉以轻心。

3.7 子曰:"君子无所争,必也射乎[①]!揖让而升,下而饮,其争也君子。"

【注释】

①射:射箭。上古时,比赛射箭是集会、宴饮时必有的娱乐节目,所以,射艺是古代贵族必须掌握的技艺之一,相传孔子也曾将它作为弟子的必修课之一。

【译文】

孔子说:"君子没有什么可争的,要是有争的话,那必定就是射了!作揖谦让而上场比试,射毕下来饮酒,但那种争也是君子式的。"

【段意】

此章是赞美射艺有君子之风。关于射艺的详细情况,可以参阅《仪礼·乡射礼》。

3.8 子夏问曰:"'巧笑倩兮,美目盼兮,素以为绚兮①',何谓也?"子曰:"绘事后素。"

曰:"礼后乎?"子曰:"起予者商也②!始可与言《诗》已矣。"

【注释】

①巧笑倩兮:笑得很倩丽。兮(xī 西),句末感叹词,无义。美目盼兮:美丽的眼睛左右顾盼。素以为绚兮:在白绢上着上绚丽的色彩。素,指白色的丝织物。②起:这里有发挥、领悟的意思。予:我。

【译文】

子夏问道:"'巧笑倩丽,美目流盼,在白绢上着上绚丽的色彩',这是什么意思呢?"孔子说:"先以白色打底,再上颜色。"

子夏说:"要以礼为后盾吗?"孔子说:"商啊,你悟到我的用意了!能开始和你谈《诗》了。"

【段意】

此章是孔子与子夏谈《诗》。子夏提到的一节《诗》本是形容女子的美貌,孔子发挥为仪态必须用礼来熏陶,子夏由此引申出以礼为立身根本的道理,得到了孔子的称赞。由此可见,孔子向弟子讲授《诗》,有很强的实用性,他不仅仅说《诗》义,而且从中引出一定的道德训诫。

3.9 子曰:"夏礼吾能言之,杞不足征也①;殷礼吾能言之,宋不足征也②。文献不足故也③,足则吾能征之矣。"

【注释】

①杞(qǐ 起):周初为夏朝王室后裔所建立的封国,公元前 445 年为楚所灭。②宋:周初为殷朝王室后裔所建立的封国,公元前 286 年为齐所灭。 ③文献:指典籍(文)和贤人(献),与现在的"文献"涵义不尽相同。

【译文】

孔子说:"夏代的礼我能述说,但杞国不足以证明它;殷代的礼我能述说,但宋国不足以证明它。这是典籍和熟悉掌故的人不足的缘故,足了我就能证明它们。"

【段意】

孔子认为，礼制不仅仅是条文，而且还有赖于掌握它的贤者。夏、殷两代的礼，虽然没有完全散失，但由于没有人去继续掌握它们，所以不仅不能恢复，连谈论它们都有困难了。

3.10 子曰："禘自既灌而往者①，吾不欲观之矣。"

【注释】

①禘（dì 帝）：当时由天子每隔五年在祖庙中举行一次的祭祀大典。鲁国由于开国君主周公的特殊地位，所以也能举行这样的祭典。灌：指祭典中用香酒酹地，迎请神灵的礼节。而往：以下的礼仪节目。

【译文】

孔子说："禘祭从酹酒以后的节目，我就不想观看了。"

【段意】

此章是孔子感叹鲁国禘祭的失礼。关于"吾不欲观之矣"的涵义，有两种说法：一说鲁国举行禘祭是僭越行为，所以孔子不想观看；一说鲁国宗庙的祖宗神位排列失序，孔子不便说国君失礼，因此说不想再看下去了。

3.11 或问禘之说，子曰："不知也，知其说者之于天下也，其如示诸斯乎①！"指其掌。

【注释】

①示：通"视"，观看。

【译文】

有人询问禘祭的涵义，孔子说："不知道啊，知道它涵义的人看待天下，就如同看这里。"说着指着自己的手掌。

【段意】

孔子并非真的不知道禘祭的涵义，由于鲁国禘祭失礼，所以，说了等于是暴露国家和君王的缺点，有背于"为尊者隐"的准则，因此，孔子在这种场合只能回答不知道。但孔子又暗示那人，自己其实是知道的，说不知道是另有原因。

3.12 祭如在，祭神如神在。子曰："吾不与祭，如不祭①。"

【注释】

①如不祭：旧说孔子因事不能亲自祭祀，所以委托人代他进行祭祀，礼仪虽然

举行过了,但孔子因没有亲自到场向祖先表示敬意,感到歉意,所以说"如不祭"。

【译文】

祭祖如同先祖在世,祭神如同神存在。孔子说:"我没有参与祭祀,就如同不祭祀。"

【段意】

这一章是说,祭祀不仅是一种仪式,更主要的是表达虔诚的心意。

3.13 王孙贾问曰①:"'与其媚于奥,宁媚于灶②',何谓也?"子曰:"不然,获罪于天,无所祷也。"

【注释】

①王孙贾:卫灵公的大臣,是当时卫国的有权势者。 ②奥:房屋的西南角,古代一般是尊者所居处的地方。媚:讨好。灶:煮饭的灶头。一般认为,这两句话是古代的俗语。其涵义有多种解释,大体是说,奥的位置虽然尊贵,不如灶经常起作用。

【译文】

王孙贾问道:"'与其讨好奥神,不如讨好灶神',是什么意思呢?"孔子说:"不是这样的,得罪了上天,连祈祷的地方也没有。"

【段意】

王孙贾用比喻的方式暗示孔子,应该讨好有势力者;孔子也用同样的方式回答他,任何有势力者都无法逃脱大道的制约。

3.14 子曰:"周监于二代①,郁郁乎文哉②!吾从周。"

【注释】

①监:通"鉴",借鉴。二代:指在周以前的夏、商二代。 ②郁郁:茂盛的意思。文:此指典章制度。

【译文】

孔子说:"周借鉴了夏、殷两代,多么丰富的典制啊!我遵循周代的。"

【段意】

此章是赞美周代礼制的完备。

3.15 子入太庙①,每事问。或曰:"孰谓鄹人之子知礼乎②?入太庙,每事问。"

子闻之，曰："是礼也。"

【注释】

①太庙：祖宗的神庙。 ②鄹人之子：孔子的父亲曾担任过鄹邑（在今山东曲阜东南）的大夫，孔子就出生在鄹邑，所以人们称他为"鄹人之子"。

【译文】

孔子进了太庙，每件事情都询问。有人说："谁说叔梁纥的儿子了解礼呢？进了太庙，每件事情都询问。"

孔子听说了，说："这就是礼。"

【段意】

据说，这一章所记载的是孔子在官府担任职务后，初次进入太庙参加祭祀的事情，它反映了孔子"知之为知之，不知为不知"的求实态度。

3.16 子曰："'射不主皮①'，为力不同科②，古之道也。"

【注释】

①皮：皮做的箭靶子。 ②科：等级。

【译文】

孔子说："'射不以穿透皮靶为主'，射艺的力度有不同的等级，是古时候的规矩。"

【段意】

射艺主要是陶冶情操，人的力量有大小，是天生的差距，所射艺不以此为主。宋代的理学家认为，孔子这番话主要是针对当时诸侯不敬奉周天子而"争于力量"所发的感叹。

3.17 子贡欲去告朔之饩羊①，子曰："赐也，尔爱其羊，我爱其礼。"

【注释】

①告朔：按当时的礼制，周王室在每年年末要向诸侯国颁布第二年的历书，诸侯国的国君应在自己的祖庙里举行仪式接受历书。饩（xì 戏）羊：用于告朔礼的牲羊。

【译文】

子贡打算去掉向祖庙告朔所用的活羊，孔子说："赐啊，你爱惜这只羊，我爱惜这项礼仪。"

【段意】

当时告朔礼已不再举行，但鲁国的有关部门依然分配给祖庙用于告朔礼的牲羊。子贡从节约的角度出发，想省下用于礼仪的活羊。孔子认为，在这个问题上，节约并不是主要的，关键在于不要废礼。按照古代的传统观念，接受历法意味着尊奉王室的统治权，所以告朔礼的意义重大。鲁国虽然不举行礼仪活动，但拨出用于仪式的用品，还有一点礼的残存形式，如果去掉了牲羊，那就什么痕迹都没有了。

3.18 子曰："事君尽礼，人以为谄也。"

【译文】

孔子说："事奉君主礼数周到，人们会认为是谄媚。"

【段意】

孔子既感叹当时君臣之间失礼，同时也感慨行为正直的困难。

3.19 定公问①："君使臣、臣事君，如之何？"孔子对曰："君使臣以礼，臣事君以忠。"

【注释】

①定公：鲁定公，名宋，公元前509—前495年在位，"定"是他的谥号。

【译文】

鲁定公问道："君主差使臣子、臣子事奉君主，该怎么样呢？"孔子说："君主以礼差使臣子，臣子以忠事奉君主。"

【段意】

此章是说，君臣应各自做合乎自己身份的事，君臣之间要以礼仪、道德来互动。

3.20 子曰："《关雎》乐而不淫①，哀而不伤。"

【注释】

①《关雎》(jū 居)：《诗·周南》中的第一篇诗歌。全诗描写了女子对自己所爱者的想念之情。淫：过分、放纵。

【译文】

孔子说："《关雎》快乐而不放纵，哀怨而不伤感。"

【段意】

《关雎》是《诗》中的一首著名爱情诗。孔子认为，这首诗表达感情含蓄委婉，

“发乎情，止乎礼”，所以加以称赞。这一点，不仅是孔子评价文艺作品的标准，同时也是他对道德修养的基本要求。

3.21　哀公问社于宰我[①]，宰我对曰：“夏后氏以松，殷人以柏，周人以栗。”曰使民战栗。

子闻之，曰：“成事不说，遂事不谏，既往不咎。”

【注释】

①社：社神，这里指神庙中所供奉的木主。宰我：鲁国人，名予，字子我。孔子的弟子，言语科的高材生。

【译文】

鲁哀公向宰我询问社主，宰我答道：“夏人用松木，殷人用柏木，周人用栗木。”并说，这是要使得民众颤栗的意思。

孔子听说了，说：“已成的事情不述说，结束的事情不劝谏，过去的事情不怪罪。”

【段意】

夏、商、周三代社主用不同的树木，与他们各自的风俗有关，而宰我却用不恰当的解释来回答哀公的询问，孔子知道后，说了这一番话来抵消它的消极影响。

3.22　子曰：“管仲之器小哉[①]！”

或曰：“管仲俭乎？”曰：“管氏有三归[②]，官事不摄[③]，焉得俭？”

“然则管仲知礼乎？”曰：“邦君树塞门[④]，管氏亦树塞门；邦君为两君之好，有反坫[⑤]，管氏亦有反坫，管氏而知礼，孰不知礼？”

【注释】

①管仲：名夷吾，仲是他的字。齐桓公时的大臣，曾辅佐齐桓公改革内政，增强国力，使齐国称霸诸侯。　②三归：前人对此有各种解释，据杨伯峻说，三归是指市租。　③官事不摄：家臣不兼职，意思是他所设置的家臣很多。　④塞门：门前起遮蔽作用的墙壁，类似后世的照壁。　⑤反坫（diàn 店）：厅堂上用以放置器物的土台。

【译文】

孔子说：“管仲的器度狭小啊！”

有人问：“管仲俭约吗？”孔子说：“管仲收取市租，家臣不兼职，怎么能俭约呢？”

那人说："那么，管仲通晓礼吗？"孔子说："国君设立照壁，管仲也设立照壁；国君为了邀结他国君主，有放置酒杯的坫台，管仲也有放置酒杯的坫台。如果管仲通晓礼，谁不通晓礼呢？"

【段意】

此章是孔子对管仲的评价。在本书的《宪问》篇中，孔子对管仲的事功给予了很高的评价，但孔子并不赞同齐桓公称霸的行为，因此，对于管仲个人的道德修养则颇有微辞。所谓"器度狭小"，并不是小气，而是指不具有王佐之才。

3.23 子语鲁大师乐①，曰："乐其可知也。始作，翕如也②；从之③，纯如也④，皦如也⑤，绎如也⑥，以成。"

【注释】

①大（tài 太）师：主管音乐的官员。 ②翕（xī 西）如：形容声音一齐奏响。如，表示样子、状态。 ③从（zòng 纵）：指展开。 ④纯：此指节拍和谐。⑤皦（jiāo 浇）：明晰。 ⑥绎：连续不断。

【译文】

孔子告诉鲁国太师奏乐之道，说："奏乐是能通晓的。开始演奏时，五音齐鸣；展开时，音律和谐，节奏明晰，连绵不断，以此成乐。"

【段意】

孔子把和谐作为乐的基本要求，这一点与他主张"中庸"的思想是一致的。

3.24 仪封人请见①，曰："君子之至于斯也，吾未尝不得见也。"从者见之。出曰："二三子何患于丧乎②？天下之无道也久矣，天将以夫子为木铎③。"

【注释】

①仪：地名，属卫国，今地不详。封人：官名，具体职守不明，大体是地方上的长官。 ②二三子：诸位，此指孔子的弟子。丧：此指景况不好。 ③木铎（duó 夺）：古代用以召集众人的铜铃，里面的铃锤是木质的，故名。

【译文】

仪邑的地方长官求见孔子，说："凡有君子来到敝邑，我从没有得不到接见的。"侍从的弟子使他见了孔子。他出来后说："你们何患不遇呢？天下无道很长久了，上天将要把夫子作为醒世的木铎。"

【段意】

这一章是对孔子德行的赞美。

3.25 子谓《韶》[1],“尽美矣,又尽善也”;谓《武》[2]“尽美矣,未尽善也”。

【注释】

①《韶》:相传是舜时歌颂世道升平的乐曲名。 ②《武》:相传是周初歌颂灭商武功的乐曲名。

【译文】

孔子谈到《韶》乐,说它“极其美好,又极其完善”;谈到《武》乐,说它“极其美好,但并不极其完善”。

【段意】

孔子对这两种乐曲的不同评价,体现了他对于舜和武王取天下方式(禅让与征伐)的不同态度。

3.26 子曰:“居上不宽[1],为礼不敬,临丧不哀[2],吾何以观之哉?”

【注释】

①宽:宽宏大度。 ②临丧:参加丧礼。

【译文】

孔子说:“居于高位不宽厚,行礼不恭敬,临丧不悲哀,我为什么去观瞻呢?”

【段意】

这一章与本篇林放问礼的意思相同。行礼尽意是最高的境界,后代所谓的“通儒”和“陋儒”正是在这一点上区分的。

里仁第四

4.1　子曰："里仁为美[①]，择不处仁[②]，焉得知[③]？"

【注释】

①里：此作动词用，居住。　②不处仁：不与仁相处。　③焉：怎么。知：同"智"，明智、聪明。

【译文】

孔子说："与仁相处是完美的，不选择与仁相处，怎么能明智呢？"

【段意】

与仁相处能经常受到仁的熏陶，因此，对于着意修身的人来说，选择与仁相处是明智的。仁是孔子思想中一个非常重要的概念，据统计，"仁"在《论语》中出现了一百多次。孔子认为，仁是个人道德修养的最高境界。然而，孔子从未对仁下过一个准确的定义，他对不同的人所解释的仁，往往根据谈话者的具体情况而有所不同。所以，要把握孔子所说仁的完整涵义，必须从整体上来体会。

4.2　子曰："不仁者不可以久处约[①]，不可以长处乐。仁者安仁，知者利仁。"

【注释】

①约：指受约束的困窘境地。

【译文】

孔子说："不仁的人不能长久处于困窘，不能长久处于安乐。仁者安于仁，明智者利用仁。"

【段意】

此章是说，唯有仁者能安贫乐道。

4.3 子曰:“唯仁者能好人、能恶人。”

【译文】

孔子说:“只有仁者有能力喜好人、有能力憎恶人。”

【段意】

孔子认为,仁是区分善恶的准则,所以只有仁者之好恶才能当于理。

4.4 子曰:“苟志于仁矣,无恶也。”

【译文】

孔子说:“如果有志于仁,就不会有恶行了。”

【段意】

这一章是说,要修养德行,首先须从立志开始。

4.5 子曰:“富与贵是人之所欲也,不以其道得之[①],不处也;贫与贱是人之所恶也,不以其道得之,不去也。君子去仁,恶乎成名[②]?君子无终食之间违仁[③],造次必于是[④],颠沛必于是。”

【注释】

①其道:此指正当的手段。得之:达到“所欲”或“所恶”的目的。 ②恶(wū 污):哪儿。 ③终食之间:吃完一顿饭的时间,比喻时间短促。 ④造次:仓促、匆忙。

【译文】

孔子说:“富有和显贵是人们所想望的,不通过正当途径达到目的,就不承受;贫困和微贱是人们所嫌恶的,不通过正当途径达到目的,就不抛弃。君子抛弃了仁,怎么成就名声呢?君子任何时候都不违背仁,匆忙时必定如此,颠沛时必定如此。”

【段意】

这一章是说,君子在任何情况下都不能违背仁。

4.6 子曰:“我未见好仁者、恶不仁者。好仁者,无以尚之[①];恶不仁者,其为仁矣,不使不仁者加乎其身。有能一日用其力于仁矣乎?我未见力不足者。盖有之矣[②],我未之见也。”

【注释】

①尚:通“上”,超过。 ②盖:大概。

【译文】

孔子说："我未曾见到喜好仁的人、憎恶不仁的人。喜好仁的人，是无以复加了；憎恶不仁的人，他要是去行仁，是不让不仁的东西临加在自己的身上。有能一天致力于仁的吗？我未曾见到力量不足的。大概是有的，我未曾见到。"

【段意】

孔子感慨当时仁德的不行，勉励人们要尽力行仁。同样是行仁，其实有两种不同的态度。憎恶不仁当然比行恶要好，但这只是一种消极的态度，必须再提高一步。

4.7　子曰："人之过也，各于其党[①]。观过，斯知仁矣。"

【注释】

①党：类别。

【译文】

孔子说："人们的过错，各属于一定的类别。观察过错，就知道仁不仁了。"

【段意】

这一章是说，可以从过错上来观察人。

4.8　子曰："朝闻道，夕死可矣。"

【译文】

孔子说："早上闻知大道，晚上死去都行。"

【段意】

此章是说，求道要有迫切之心。

4.9　子曰："士志于道而耻恶衣恶食者，未足与议也。"

【译文】

孔子说："士人有志于道却以粗衣糙食为耻的，不足以与之相谋。"

【段意】

在孔子所处的时代，有志于儒家所说的大道不一定能得到高官厚禄，所以孔子认为，鄙视贫困生活的人不足以与之谋道。类似的意思，孔子曾多次提及。

4.10　子曰："君子之于天下也，无适也[①]，无莫也[②]，义之与比[③]。"

【注释】

①适(dí 嫡):许可。 ②莫:不可。 ③比(bì 必):靠近、依从。

【译文】

孔子说:"君子对于天下的事情,没有什么一定可以或不可以的成见,只依从义来行事。"

【段意】

义是孔学中仅次于仁的道德观念,综观《论语》中的论述,义与仁是相为表里的。在这一章中,孔子认为,人的行为必须以义来规范。

4.11 子曰:"君子怀德,小人怀土;君子怀刑,小人怀惠。"

【译文】

孔子说:"君子关注德行,小人关注田宅;君子关注刑法,小人关注恩惠。"

【段意】

此章是说君子、小人的区别。

4.12 子曰:"放于利而行①,多怨。"

【注释】

①放(fǎng 仿):通"仿",依据、遵循。

【译文】

孔子说:"依循利来行事,多招怨恨。"

【段意】

在本书的《子罕》篇中曾提及,孔子很少谈论利。本章就从一个侧面反映了孔子不言利的原因。

4.13 子曰:"能以礼让为国乎?何有①!不能以礼让为国,如礼何?"

【注释】

①何有:"何难之有"的省略,意为有什么困难呢。

【译文】

孔子说:"能以礼让来治国吗?这有什么困难呢!不能以礼让来治国,礼用来干什么呢?"

【段意】

孔子认为,礼不是空洞的条文和仪式,必须在实际中发挥作用,尤其是在治国这样的大事情上。

4.14 子曰:“不患无位,患所以立[①]。不患莫己知[②],求为可知也。”

【注释】

①立:通“位”。所以位,指能够任职的才能。 ②己知:“知己”的倒装,即了解自己。

【译文】

孔子说:“不担心没有职位,担心用以任职的才学。不担心没有人了解自己,谋求能为他人所了解。”

【段意】

此章认为,遇到问题应首先省察自身。

4.15 子曰:“参乎!吾道一以贯之。”曾子曰:“唯[①]。”

子出,门人问曰[②]:“何谓也?”曾子曰:“夫子之道,忠恕而已矣。”

【注释】

①唯:表示同意的答辞。朱熹《集注》云:“唯者,应之速而无疑者也。” ②门人:孔子的弟子。也有人认为,这里的“门人”是指曾参的门弟子。

【译文】

孔子说:“参啊,我的主张是用一个东西贯穿着的。”曾子说:“是的。”

孔子出去后,门徒们问道:“是什么意思呢?”曾子说:“夫子的主张,只是忠、恕罢了。”

【段意】

据孔子自己的解释,恕就是“己所不欲,勿施于人”(本书《卫灵公》篇),偏重于对己;忠是偏重于对人的态度,归根结底,两者都是仁的体现。

4.16 子曰:“君子喻于义,小人喻于利。”

【译文】

孔子说:“君子只知晓义,小人只知晓利。”

【段意】

孔子曾在不同的场合下谈论过君子和小人的分别，本章可以说是这种区别的根本点。

4.17　子曰："见贤思齐焉，见不贤而内自省也。"

【译文】

孔子说："见到有德行的想向他看齐，见到没有德行的就内心自我省察。"

【段意】

孔子非常强调修养中的个体主动性，这种主动性基于历史的责任感和对个人人格完善的追求。

4.18　子曰："事父母几谏①，见志不从，又敬不违，劳而不怨②。"

【注释】

①几(jī 机)：轻微、婉转。　　②劳：心中操劳、忧虑。

【译文】

孔子说："事奉父母要婉转地劝谏，见到他们的意向是不听从，仍然恭敬而不违背，虽然忧虑但不怨恨。"

【段意】

此章是说子女应该怎样劝谏自己的父母。这一章和以下的三章都是说孝的具体表现。

4.19　子曰："父母在，不远游，游必有方①。"

【注释】

①方：定规。一说是指一定的去处，亦通。

【译文】

孔子说："父母在世不出远门，出游必须有定规。"

【段意】

此章的基本意思是要子女体恤父母的爱心。

4.20　子曰："三年无改于父之道，可谓孝矣。"

【译文】

孔子说："三年不改变父亲的准则，可以说是孝了。"

【段意】

此章与《学而》篇父在观其志章重出。

4.21 子曰:“父母之年不可不知也[1],一则以喜,一则以惧。”

【注释】

①知:记住。

【译文】

孔子说:“父母的年岁不能不记住,一则是因此喜悦,一则是因此担心。”

【段意】

既喜悦又担心,准确地描绘了子女的心情。因为担心,所以应该在父母的有生之年更加尽心孝顺,这就是孔子这段话的言外之意。

4.22 子曰:“古者言之不出,耻躬之不逮也[1]。”

【注释】

①躬:自身。逮:及、做到。

【译文】

孔子说:“古时候言语不随便出口,是耻于自身的行为做不到。”

【段意】

孔子经常感叹“今不如昔”,多数场合是感慨古时候许多好的德行已经泯灭。孔子在人的行为上,非常强调谨慎,就言行关系来说,两者不一是违背仁和信的。

4.23 子曰:“以约失之者鲜矣[1]。”

【注释】

①约:节制、约束。一说指生活俭约。

【译文】

孔子说:“因为节制约束自己而失误的人是很少的。”

【段意】

此章是说,减少失误的重要途径是加强自律。

4.24 子曰:“君子欲讷于言而敏于行[1]。”

【注释】

①讷(nà 纳):迟钝,此指言语谨慎。

【译文】

孔子说:“君子要言语谨慎、行动敏捷。”

【段意】

这一章的意思与前一章相同。

4.25 子曰:“德不孤,必有邻[1]。”

【注释】

①邻:邻居,转义为伙伴。

【译文】

孔子说:“有德行的人并不孤单,必定会有伙伴。”

【段意】

这一章是勉励人们修饬德行。

4.26 子游曰:“事君数[1],斯辱矣;朋友数,斯疏矣。”

【注释】

①数(sù 速):通“速”,此指性急。一说是屡次烦扰的意思。

【译文】

子游说:“事奉君主过于性急会招致耻辱,结交友人过于性急会遭到疏远。”

【段意】

子游在这一章中特别强调与人相处不能性急。

公冶长第五

5.1　子谓公冶长①，“可妻也②，虽在缧绁之中③，非其罪也”，以其子妻之④。

【注释】

①公冶长：齐国人（司马贞《索隐》引《家语》说他是鲁国人），名苌，字子长（一说字子芝）。孔子的弟子。　②妻（qì 弃）：此作动词用。　③缧绁（léi xiè 雷泄）：捆绑犯人的绳索，此指被关押。　④子：子女，此指女儿。

【译文】

孔子谈到公冶长，说“能把女儿嫁给他，他虽曾被关押，却是无辜的”，于是就把自己的女儿嫁给了他。

【段意】

本篇比较集中地汇集了孔子对自己学生及当时一些人物的评语。这一章是讲公冶长，孔子并不因为他曾被关押而鄙视他，而是看到他的长处，不仅鼓励他，还把自己的女儿也嫁给了他。

5.2　子谓南容①，“邦有道不废，邦无道免于刑戮”，以其兄之子妻之②。

【注释】

①南容：南宫适（kuò 括），鲁国人，字子容。孔子的弟子。　②兄：孔子的异母兄长孟皮，可能这时他已去世，所以孔子作主为他女儿主婚。

【译文】

孔子谈到南容，说他“在国家清明时不被废弃，在国家无道时能免于刑罚”，于是就把自己的侄女嫁给了他。

【段意】

在本书的《宪问》篇中，孔子曾高度赞扬了南宫适的德行。作为一个行为正直的人,在国家清明时不被废弃是不难做到的,但在国家无道的情况下,既能坚持原则,又能保护自身不遭受刑戮,就很不容易了。因此,孔子特别把这一点提出来加以表彰。

5.3 子谓子贱[①],“君子哉若人!鲁无君子者,斯焉取斯”?

【注释】

①子贱:鲁国人,姓宓,名不齐,字子贱。孔子的弟子。

【译文】

孔子谈到宓子贱,说“君子就像他这样的人啊!鲁国如果没有君子,这样的德行从哪儿汲取的呢?”

【段意】

据《史记》和《孔子家语》的记载,宓子贱在担任单父长官时很得民心。孔子这里称赞他的话,很可能缘此而发。

5.4 子贡问曰:“赐也何如?”子曰:“女器也。”曰:“何器也?”曰:“瑚琏也[①]。”

【注释】

①瑚琏(hú niǎn 胡辇):古代祭祀时盛放粮食的器皿。

【译文】

子贡问道:“我是怎样的人呢?”孔子说:“你是器皿。”子贡说:“什么器皿呢?”孔子说:“盛祭品的瑚琏。”

【段意】

子贡是孔门言语科的高材生,但孔子对于这位学生是批评多于称赞,《史记》说,“子贡利口巧辞,孔子常黜其辩”。在这一章中,孔子说子贡是器皿,对照《为政》篇“君子不是器皿”的论述来看,这不是很高的评价,尽管孔子下面补充说是贵重的礼器。孔子对子贡的不满,主要是因为子贡的思想与他不尽一致。《韩诗外传》说子贡出身于卫国的“贾人”之家,所以,看问题较多出于利的立场,这与孔子“罕言利”是有较大差距的。

5.5 或曰:“雍也仁而不佞[①]。”子曰:“焉用佞?御人以口给[②],屡憎于人,不知其仁,焉用佞?”

【注释】

①雍:冉雍,鲁国人,字仲弓。孔子的弟子,德行科的高材生。佞:能言善辩,有口才。 ②御:对付。口给(jǐ 己):口辞敏捷。

【译文】

有人说:"冉雍仁而没有口才。"孔子说:"要口才干什么呢?用快捷的口才来对付他人,常常为人憎恶,不能了解他的仁,要口才干什么呢?"

【段意】

从本章中看出,孔子对冉雍的评价是比较高的。过去解释"不知其仁",说是孔子认为冉雍未必仁,仔细推敲上下文,应是指利口善辩使他人憎恶而使他的仁不为他人所知。孔子不大主张他的学生在口才上下功夫,稍有德行的子贡尚且常常受到孔子的批评,至于不具备德行而利口善辩的人就更不在话下了。

5.6 子使漆雕开仕①,对曰:"吾斯之未能信②。"子说。

【注释】

①漆雕开:鲁国人(一说是蔡国人),字子开(一说字子若)。孔子的弟子。仕:出仕做官。 ②信:信心、把握。

【译文】

孔子让漆雕开出仕,他答道:"我对这事还没有完全的把握。"孔子很高兴。

【段意】

孔子叫漆雕开去出仕做官,是对他学业比较满意的表示。然而,漆雕开却无心仕进,愿意跟随孔子进一步学习,所以孔子感到高兴。

5.7 子曰:"道不行,乘桴浮于海①,从我者其由与②!"子路闻之喜,子曰:"由也好勇过我,无所取材③。"

【注释】

①桴(fú 浮):用竹木扎成的牌筏,较大的称筏,小的称桴。 ②从(zòng 纵):跟随。 ③无所取材:过去这一句的解释不一,有的说是指没有地方去找木材编筏子;有的说"材"通"裁",是批评子路不知约制。

【译文】

孔子说:"大道施行不了,就乘着木排漂洋过海,随从我的人大概是由吧!"子路听了很高兴,孔子说:"由这个人喜好勇,过于自信就没有东西可汲取了。"

【段意】

孔子感慨大道难以施行，所以想漂洋过海，同时也对子路的过于自信提出了批评。子路为人有勇力，行事比较直率。在这一点上，孔子既赞赏他，又经常批评其不足之处。子路最终因此而丧命，说明孔子的担忧并不过分。

5.8 孟武伯问子路仁乎，子曰："不知也。"又问，子曰："由也，千乘之国，可使治其赋也①，不知其仁也。"

"求也何如？"子曰："求也，千室之邑、百乘之家，可使为之宰也②，不知其仁也。"

"赤也何如③？"子曰："赤也，束带立于朝④，可使与宾客言也，不知其仁也。"

【注释】

①赋：朱熹《集注》云："赋，兵也。古者以田赋出兵，故谓兵为赋。" ②宰：指城邑的长官或贵族家的总管，相对于上文"千室之邑、百乘之家"而言。 ③赤：公西赤，鲁国人，字子华。 ④束带：指穿戴好礼服。古代在礼服之外必须束带，故以此代指礼服。朝：古代官府处理公务的朝堂。

【译文】

孟武伯询问子路是否仁，孔子说："不知道。"他又问，孔子说："由这个人，千乘兵车的国家，能让他综理军务，我不知道他是否仁。"

孟武伯说："冉求怎么样呢？"孔子说："求这个人，千户居民的城邑、百乘兵车的家族，能让他当总管，我不知道他是否仁。"

孟武伯说："公西赤怎么样呢？"孔子说："赤这个人，穿着礼服站立在朝堂上，能让他与来宾交谈，我不知道他是否仁。"

【段意】

鲁国大夫孟武伯向孔子询问孔门弟子的情况，孔子评论了三个弟子的才能。冉求、子路都是孔门政事科的高材生，所以孔子说他们有能力治军、理政；公西赤则长于礼容、礼仪，所以孔子说他能接待宾客。孔子虽然称赞他们，但认为他们还没有达到仁，由此可见，仁的要求是很高的。

5.9 子谓子贡曰："女与回也孰愈①？"对曰："赐也何敢望回？回也闻一以知十，赐也闻一以知二。"

子曰："弗如也，吾与女弗如也②！"

【注释】

①愈:胜过。 ②吾与女弗如也:一说此句中的"与"是赞同的意思,意为孔子赞同子贡的说法,认为子贡确实不如颜回。

【译文】

孔子对子贡说:"你和颜回哪个强些?"子贡答道:"我怎么敢和颜回相比呢?颜回能闻一知十,我只能闻一知二。"

孔子说:"不如啊,我和你都不如啊!"

【段意】

这一章是评论颜回。颜回是孔门德行科的高材生,孔子曾多次对他的学行给予很高的评价。孔子说自己不如颜回,一则是谦虚,一则是勉励子贡要迎头赶上。

5.10 宰予昼寝[1],子曰:"朽木不可雕也,粪土之墙不可杇也[2],于予与何诛[3]?"

子曰:"始吾于人也,听其言而信其行;今吾于人也,听其言而观其行。于予与改是。"

【注释】

①宰予:鲁国人,字子我。孔子的弟子,孔门高材生,擅言语。昼寝:在白天睡觉。 ②杇(wū 污):抹墙的工具,此作动词用。 ③与:同"欤",语助词。诛:责备。

【译文】

宰予白天睡觉,孔子说:"腐朽的木头不能雕琢,污秽的土墙不能粉刷,对于宰予还责备什么呢?"

孔子说:"起初我对于他人,是听了他的言谈而相信他的行为;现在我对于他人,是听了他的言谈而观察他的行为。因为宰予的教训改变了态度。"

【段意】

宰予是言语科的高材生,如同对待子贡那样,孔子对这位高足的利口善辩也经常予以批评。在本书《阳货》篇中,宰予对三年之丧提出疑义,孔子毫不客气地给了他"不仁"的评语(赵纪彬认为,宰予和孔子的分歧都在"仁"、"礼"问题上,孔子对他有贬无褒,所以,他与孔子的对立比子贡更为尖锐)。因此,孔子在这一章中得出了看人必须"听其言而观其行"的结论。

5.11 子曰:"吾未见刚者。"或对曰:"申枨[1]。"子曰:"枨也欲,焉得刚?"

【注释】

①申枨(chéng 成):鲁国人。一说他就是《史记·仲尼弟子列传》中的申党,孔子的弟子。

【译文】

孔子说:"我未曾见过刚强的人。"有人答道:"申枨。"孔子说:"枨这个人多欲,怎能算得刚强呢?"

【段意】

此章是说,要做到刚强必须无欲。

5.12 子贡曰:"我不欲人之加诸我也①,吾亦欲无加诸人。"子曰:"赐也,非尔所及也。"

【注释】

①加:凌加、强加。

【译文】

子贡说:"我不希望他人强加于我,我也希望不强加于他人。"孔子说:"赐啊,这不是你所能做到的。"

【段意】

"己所不欲,勿施于人"本是孔子的信条,孔子说子贡不能做到,是暗示他还没有达到仁。一说,"非尔所及"是说"不能止人不加非议于己"。

5.13 子贡曰:"夫子之文章①,可得而闻也;夫子之言性与天道②,不可得而闻也。"

【注释】

①文章:朱熹《集注》云:"文章,德之见乎外者,威仪、文辞皆是也。"刘宝楠《正义》:"文章自谓《诗》《书》礼乐也。" ②性:人性。天道:指自然现象与人事的关系。

【译文】

子贡说:"夫子的学问有机会听到,夫子关于本性与天道的见解却没有机会听到。"

【段意】

这一章是子贡感叹孔子学说的高深(刘宝楠《正义》说,"性与天道"是指

《易》,因孔子到晚年才学《易》,所以他的学生没有机会听到他的见解,也是学问高深的意思)。孔门的教学有不同的等次,不达到一定的水平不能越级,因为关于本性与天道的见解比较高深,所以很少有机会听到。后人对此章还有另一种理解,认为其指孔子比较重视政治、伦理,而对于形而上的性命之谈则不侈言,与本书《述而》篇中的"不语怪、力、乱、神"是一个意思。

5.14 子路有闻未之能行,唯恐有闻。

【译文】

子路在有所闻知而未能施行时,唯恐又有所闻知。

【段意】

这一章是说子路的处事态度。孔子曾把"敏于行"作为君子的美德,但他并不是无条件地主张"敏于行",在本书《先进》篇中,孔子就告诫子路不要听到了就去做。因为子路的性格比较急躁,所以孔子有意抑制他。

5.15 子贡问曰:"孔文子何以谓之文也[①]?"子曰:"敏而好学,不耻下问,是以谓之文也。"

【注释】

①孔文子:卫国大夫仲孙圉(亦作"御"、"圉"),"文"是他的谥号。

【译文】

子贡问道:"孔文子因为什么谥为文呢?"孔子说:"聪明好学,不耻于向下求教,因此谥为文。"

【段意】

谥是根据死者生前行为给予的一种称号,谥法是古代礼仪的一项重要内容。这一章是孔子解释孔文子谥号的涵义,"敏而好学,不耻下问"不仅是对孔文子的评价,同时也是孔子自己治学态度的写照。

5.16 子谓子产有君子之道四焉[①]:其行己也恭,其事上也敬,其养民也惠,其使民也义。

【注释】

①子产:即公孙侨,子产是他的字(亦作"子美")。郑国贵族,曾在郑简公、定公时(公元前565—前514年)执政二十多年,实行改革,是当时著名的政治家。

【译文】

孔子说子产具有四项君子的处事准则：自身行为庄重，事奉君主恭敬，养护民众有惠，使役民众得当。

【段意】

孔子在这一章中对子产的德行作了很高的评价。后人认为，孔子说这番话是讥讽当时的执政者不够君子的要求，缺乏像子产那样的处事准则。

5.17 子曰："晏平仲善与人交①，久而敬之。"

【注释】

①晏平仲：齐国大夫晏婴，平仲是他的字。他与孔子是同时代人，现在所流传的《晏子春秋》一书虽出于后人伪托，但对他的言行有较多的记载。

【译文】

孔子说："晏平仲善于与人交往，时间长久了人们仍敬重他。"

【段意】

据《史记》记载，孔子流亡到齐国时，齐景公本打算重用他，因为晏婴的劝阻而打消了念头。在这一章中，孔子赞扬了晏婴善于与人交往的德行。孔子不主张随便议论别人（参见本书《宪问》篇中孔子与子贡的对话），所以，他对于当时和前代一些人物的评论都有一定的目的，或是表彰某种德行，或是批评某种倾向。

5.18 子曰："臧文仲居蔡①，山节藻棁②，何如其知也？"

【注释】

①臧文仲：鲁国大夫臧孙辰，字仲，"文"是他的谥号。曾在鲁庄公、闵公、僖公、文公四朝任职，与孔子是同时代人。居：藏。蔡：出于蔡地用于占卜的一种大龟。 ②节：柱上的斗栱。棁（zhuó 啄）：梁上的短柱。

【译文】

孔子说："臧文仲收藏大蔡龟，屋上装饰着山形的斗栱、绘有藻草的短柱，他的识见怎么样啊？"

【段意】

孔子在这一章中批评了臧文仲不守礼仪的行为。收藏蔡龟以及在屋上装饰山形的斗栱、绘有藻草的短柱，都是诸侯或天子才能这样做的事情，因此臧文仲的行为是僭越。

5.19 子张问曰："令尹子文[①]，三仕为令尹无喜色，三已之无愠色，旧令尹之政必以告新令尹，何如？"子曰："忠矣。"曰："仁矣乎？"曰："未知，焉得仁？"

"崔子弑齐君[②]，陈文子有马十乘[③]，弃而违之，至于他邦，则曰'犹吾大夫崔子也'，违之；之一邦，则又曰'犹吾大夫崔子也'，违之，何如？"子曰："清矣。"曰："仁矣乎？"曰："未知，焉得仁？"

【注释】

①令尹：楚国官职名，相当中原诸侯国的国相。子文：即鬬穀於菟，楚国贵族鬬伯比的私生子，相传他幼时遭遗弃，受到老虎的哺乳，楚人称虎为於菟（wū tú 巫途），故名。他曾在公元前664—前637年期间担任楚国的令尹，辅佐成王（公元前671—前626年在位）称霸。 ②崔子：齐国大夫崔杼，他谋害齐庄公（公元前553—前548年在位）。弑（shì 势）：古代对在下者谋害在上者的称呼。 ③陈文子：齐国大夫，名须无，"文"是他的谥号。

【译文】

子张问道："楚国的令尹子文，三次出任令尹没有喜悦的神色，三次免职没有恼怒的神色，过去令尹任内的政措必定告诉新任令尹，怎么样啊？"孔子说："忠诚。"子张说："仁吗？"孔子说："还没有达到知，哪能仁呢？"

子张说："崔杼谋害了齐庄公，陈文子有十乘马车，放弃了它们离开齐国，来到他国，说'如同我国的大夫崔杼'，就离开了；来到另一个国家，又说'如同我国的大夫崔杼'，就离开了，怎么样啊？"孔子说："清白。"子张说："仁吗？"孔子说："还没有达到知，哪能仁呢？"

【段意】

此章和本篇孔子与孟武伯评论自己弟子那一章的意思基本相同，也是说仁的要求很高，所以，即使像令尹子文、陈文子那样的行为，孔子也不轻易给予仁的评语。

5.20 季文子三思而后行[①]，子闻之曰："再斯可矣。"

【注释】

①季文子：鲁国大夫季孙行父，"文"是他的谥号。他是鲁桓公少子季友的孙子，曾在宣公、成公、襄公三代担任鲁国的执政。

【译文】

季文子反复思虑以后才施行，孔子听到后说："重复考虑一次就行了。"

【段意】

季孙一族是当时掌握鲁国政权三家贵族(即所谓“三桓”)中势力最大的一家,但季文子本人并不骄横,《史记·鲁世家》说他去世时,“家无衣帛之妾,厩无食粟之马,府无金玉”。因此,孔子尽管不满三桓,但对他还是给予好评。据《左传·文公六年》记载,季文子出使晋国时,曾让手下准备好遇到丧事该如何行事的礼仪再上路。他的下属不明白,季文子说:“预防意外是古代的好教训。万一需要而没有准备,就会处于困难的境地。多准备一些有什么坏处呢?”这恐怕就是此处所谓的“三思而后行”。处事多思当然是好的,但过分了也不尽善,这与孔子“过犹不及”(见本书《先进》篇)的思想是吻合的。

5.21 子曰:“甯武子①,邦有道则知,邦无道则愚。其知可及也,其愚不可及也。”

【注释】

①甯武子:名俞,卫国大夫,“武”是他的谥号。

【译文】

孔子说:“甯武子这个人,国家清平就显露才智,国家无道就表现痴呆。他的才智是及得上的,他的痴呆是及不上的。”

【段意】

据《左传》记载,甯武子在鲁文公四年(前623)出使鲁国,宴席上,鲁君命乐工演奏天子用来招待诸侯的乐曲,他既不答礼,也不作任何反应。事后,鲁君派人私下询问他,他惊讶地答道:“我还以为乐工在练习呢。”这大概就是孔子所说的“痴呆”,这种“痴呆”是一种大智若愚的处世态度。从消极意义上说,它避免了自身遭到伤害;从积极意义上说,它又是对无道的一种抗争。这大概就是孔子赞誉甯武子的用意。

5.22 子在陈①,曰:“归与!归与!吾党之小子狂简②,斐然成章③,不知所以裁之④。”

【注释】

①陈:周初为舜的后裔所封的诸侯国,辖有今河南东部和安徽的一部分,公元前478年为楚所灭。　②党:乡里。古时称乡里为乡党。狂简:朱熹《集注》云:“狂简,志大而略于事也。”　③成章:成就可观。　④不知所以裁之:《史记·孔子世家》引此句前有“吾”字,刘宝楠《正义》云:“谓弟子学已成章,嫌已浅

薄,不知所以裁之也。”

【译文】

孔子在陈国,说:“回去吧!回去吧!我乡里的后生们狂放而粗略,成绩相当可观,但不知道用什么东西来裁处。”

【段意】

鲁哀公三年(前492),执掌鲁国大权的季桓子去世,接替他的季康子召请冉求回国,客居陈国的孔子得知后,感到有了一线希望,便说了这番话。孔子从内心希望新上台的季康子能以此为开端革新政治,采纳自己的主张。鲁哀公十一年(前484),季康子在冉求的鼓动下迎请孔子回国,孔子在流亡十多年后终于回到了故国。

5.23 子曰:“伯夷、叔齐不念旧恶①,怨是用希。”

【注释】

①伯夷、叔齐:相传是商末孤竹国君的儿子,因相互谦让君位而逃奔周国。后来因周武王出兵讨伐商朝,他们劝阻无效,便隐居到首阳山,“义不食周粟”而饿死。

【译文】

孔子说:“伯夷、叔齐不念旧恶,怨恨因此就稀少。”

【段意】

此章是赞扬伯夷、叔齐的德行。所谓“不念旧恶”,也就是恕道。

5.24 子曰:“孰谓微生高直①?或乞醯焉,乞诸其邻而与之。”

【注释】

①微生高:鲁国人,名高。有人认为,孔子这里所说的微生高,即《庄子》、《战国策》中提到的因守信用被水淹死的尾生高。

【译文】

孔子说:“谁说尾生高正直?有人来要点儿醋,他从邻居那儿要来给人家。”

【段意】

孔子用这个例子说明,正直首先应该实事求是。

5.25 子曰:“巧言、令色、足恭①,左丘明耻之②,丘亦耻之;匿怨而友其人,左丘明耻之,丘亦耻之。”

【注释】

①足：朱熹《集注》云："足，过也。"一说，这里的"足"是满足的意思，"足恭"指以谦恭来取悦他人。　②左丘明：这个左丘明是鲁国的太史，他与撰写《左传》的"左氏"是否是同一个人，学者还没有一致的意见。

【译文】

孔子说："花言巧语、仪容伪善、过于谦恭，左丘明觉得可耻，我也觉得可耻；隐匿怨恨而邀结其人，左丘明觉得可耻，我也觉得可耻。"

【段意】

这一章是孔子赞誉左丘明爱憎分明。

5.26　颜渊、季路侍，子曰："盍各言尔志[①]。"

子路曰："愿车马、衣裘与朋友共[②]，蔽之而无憾。"

颜渊曰："愿无伐善、无施劳[③]。"

子路曰："愿闻子之志。"子曰："老者安之，朋友信之，少者怀之。"

【注释】

①盍(hé 何)：何不。　②衣裘：原作"衣轻裘"，据刘宝楠《正义》，"轻"字是衍文，故删除。　③伐：夸耀。施：表白。

【译文】

颜回、子路侍从，孔子说："何不各自谈谈自己的志向。"

子路说："我愿把车马、衣裘与朋友共享，用坏了不遗憾。"

颜回说："我希望不夸耀长处、不表白劳绩。"

子路说："愿听到老师的志向。"孔子说："老者给予他们安抚，朋友给予他们信任，晚辈给予他们关怀。"

【段意】

此章是孔子与颜回、子路一起谈论自己的志向。子路只施惠于自己的朋友，颜回注重自身的修养，孔子则要把恩义普施众人。由此，也可以看出他们三个人的不同个性和特点。

5.27　子曰："已矣乎[①]！吾未见能见其过而内自讼者也。"

【注释】

①已矣乎：表示感叹，好比说"罢了"。

【译文】

孔子说:“罢了!我未曾见到能发现自己的过失而在内心自责的人。”

【段意】

这一章是孔子批评人们不重视从自己的过失中吸取教训。

5.28 子曰:“十室之邑,必有忠信如丘者焉,不如丘之好学也。”

【译文】

孔子说:“十户人家的城邑,必定有像我一样的忠信者,但不如我那样好学。”

【段意】

孔子这番话不仅是谦逊,更主要是强调学习对于修身的重要性。

雍也第六

6.1 子曰:"雍也可使南面[①]。"

【注释】

①南面:古代官府中长官的座位坐北朝南,但古人多数以"南面"来称呼君主。

【译文】

孔子说:"雍这个人,能让他治理一国。"

【段意】

此章是称赞冉雍的德行。朱熹《集注》云:"言仲弓宽宏简重,有人君之度也。"

6.2 仲弓问子桑伯子[①],子曰:"可也简[②]。"

仲弓曰:"居敬而行简,以临其民[③],不亦可乎?居简而行简,无乃大简乎[④]?"子曰:"雍之言然。"

【注释】

①子桑伯子:鲁国人,生平无考,据《说苑·修文》叙述孔子与他相见的情况来看,他可能也是像孔子那样授徒讲学的学者。 ②简:《说苑·修文》云:"子桑伯子易野,欲同人道于牛马,故仲弓曰'太简'。"又云:"易野者,无礼文也。" ③临其民:《说苑·修文》引此句作"道其民","道"在此是引导、教导的意思。 ④无乃:不是,一般只用于反问句。大(tài 泰):同"太"。

【译文】

冉雍询问子桑伯子,孔子说:"为人可以,但处事简约。"

冉雍说:"立身庄重而处事简约,以此来管理他的民众,不也可以吗?立身简约而处事简约,不是太简约了吗?"孔子说:"你说得对。"

【段意】

冉雍认为,简约只是手段,不是根本目的。如果丢弃了以德立身的大目标,单纯简约是毫无意义的。朱熹《集注》将这一章与上一章连在一起，认为冉雍问子桑伯子是因为孔子说他“可使南面”而起，《说苑·修文》也把这两章连在一起解释，可见汉代就有这种解释方法了。

6.3 哀公问：“弟子孰为好学[①]？”孔子对曰：“有颜回者好学，不迁怒、不贰过，不幸短命死矣[②]，今也则亡，未闻好学者也。”

【注释】

①孰：疑问词，谁、什么。 ②短命：颜回死于鲁哀公十四年（公元前481），年31岁。

【译文】

鲁哀公问道：“门徒中哪个好学？”孔子答道：“有个叫颜回的好学，不迁怒于人、不重犯过错，不幸短命死去，现今没有了，未曾听说好学的人了。”

【段意】

颜回是孔子最满意的学生，《论语》中有二十四章谈及他，孔子对他有褒无贬，这是比较少见的。因此，孔子对颜回的早夭是十分悲伤的。

6.4 子华使于齐[①]，冉子为其母请粟，子曰：“与之釜[②]。”请益，曰：“与之庾[③]。”冉子与之粟五秉[④]。

子曰：“赤之适齐也，乘肥马，衣轻裘。吾闻之也，君子周急不继富。”

【注释】

①使于齐：一般认为公西赤这次是孔子派他到齐国去办事的。 ②釜：古容量单位，六斗四升。 ③庾（yǔ雨）：古容量单位，二斗四升。 ④秉：古容量单位，十六斛（十斗为一斛，斛后来也称石）。

【译文】

公西赤出使齐国，冉有为赤的母亲求要粟米，孔子说：“给他六斗四升。”冉有要求多给些，孔子说：“再给他二斗四升。”冉有却给了他八十斛粟米。

孔子说：“公西赤去齐国，乘坐壮马拉的车子，穿着轻暖的裘皮袍。我听说，君子周济急难而不襄助富有。”

【段意】

这一章是说，处理问题要注重实际效果。公西赤代表孔子出使齐国，作为师长理应接济他的家人，但是，公西赤的家境并不困难，所以孔子起初并没有接济他的意思。冉有不明白这个道理,为公西赤求粟,孔子不想当面拒绝,因此只答应少给些。

6.5 原思为之宰[1],与之粟九百,辞。子曰:“毋,以与尔邻里乡党乎!”

【注释】

①原思:鲁国人,名宪,字子思。孔子的弟子。宰:当时孔子正担任鲁国的卿大夫,所以能设置家臣。

【译文】

原宪担任孔子的家臣,孔子给他粟米九百斗,原宪推辞。孔子说:“别,拿去给你的邻里乡亲吧!”

【段意】

孔子给原宪九百斗粟米,是管家的正当俸禄,大概原宪的境况不很困难,所以推辞。孔子并不因此而少给,因为,俸禄是根据职位高低来给予的,不能依贫富而增减,即使原宪家境困难要求增加俸禄,孔子也不会答应,这是原则问题。至于多余的粟米如何处置,那是品德问题,所以孔子指点原宪说:“拿去给你的邻里乡亲吧!”

6.6 子谓仲弓曰:“犁牛之子骍且角[1],虽欲勿用,山川其舍诸[2]?”

【注释】

①犁牛:毛色黄黑相间的牛。古代用于祭祀的牲牛,要求毛色纯一,这种杂色牛只能用来耕田,故称。这里用来比喻仲弓的父亲言行有缺陷。骍(xīn 辛):赤色。角(jué 决):指牛角端正。　②山川:一说,此指山川的神灵。喻指终究将得到应有的承认。

【译文】

孔子谈到仲弓时说:“花牛的牛犊毛色纯赤而且牛角端正,即使祭祀不打算取用它,山川难道会舍弃它吗?”

【段意】

冉雍的父亲“贱而行恶”,但冉雍本人却有很高的德行。当时的社会重视家世,因而像冉雍这样的人一般得不到承认,孔子因而说了以上这番话。孔子用祭祀的牺牲作比喻,说冉雍即使得不到人们的理解,也无亏于他本人的品德(何晏《论语集解》云“言父虽不善,不害于子之美”)。

6.7 子曰:"回也,其心三月不违仁①,其余则日月至焉而已矣②。"

【注释】

①三月:这里的三是约数,指时间长久。 ②日月至焉:朱熹《集注》云:"或日一至焉,或月一至焉,能造其域而不能久也。"

【译文】

孔子说:"颜回这个人啊,他的内心长久不背离仁,其他人不过短暂地达到仁罢了。"

【段意】

此章是孔子赞扬颜回。孔子不轻易肯定某人的德行达到了仁(参见本书《里仁》篇首章及《公冶长》篇孟武伯问子路仁乎章),因此,他说颜回"长久不背离仁",是很高的评价。

6.8 季康子问:"仲由可使从政也与?"子曰:"由也果,于从政乎何有?"

曰:"赐也可使从政也与?"曰:"赐也达,于从政乎何有?"

曰:"求也可使从政也与?"曰:"求也艺①,于从政乎何有?"

【注释】

①艺:朱熹《集注》云:"艺,多才能。"

【译文】

季康子问道:"仲由能让他从政吗?"孔子说:"仲由果断,从政有何不可呢?"

季康子说:"端木赐能让他从政吗?"孔子说:"赐通达,从政有何不可呢?"

季康子问道:"冉求能让他从政吗?"孔子说:"求有才能,从政有何不可呢?"

【段意】

季康子向孔子询问哪个弟子适宜从政,孔子列举了三个弟子的长处,意思是说,只要用其所长,他们都能从政。孔子不仅"因材施教",而且也因材用人。

6.9 季氏使闵子骞为费宰①,闵子骞曰:"善为我辞焉。如有复我者,则吾必在汶上矣②。"

【注释】

①闵子骞:鲁国人,名损,子骞是他的字。孔子的弟子,德行科的高材生。费:季氏的采邑,在今山东费县西北。 ②汶上:汶水是当时齐国和鲁国的界河,鲁

国在汶水之南。古人以山南、水北为阳,汶上是指汶水的北面。闵子骞以此暗示他将跑到国外去。

【译文】

季氏让闵子骞当费邑的长官,闵子骞对使者说:"好好地为我推辞啊。如果再来找我,那我必定在汶水北面了。"

【段意】

闵子骞认为季氏不义,所以不愿去他的手下当官。后人认为,与恶人相处而自己不丧失原则,唯有圣人能办到,闵子骞觉得自己的修养还没有达到这样的水平,所以坚决不去,说明他很有自知之明。在本书《先进》篇中,子路让子羔去做费邑的长官,孔子说子路"误人子弟",可见孔子对闵子骞的态度也是赞同的。

6.10 伯牛有疾,子问之,自牖执其手曰:"亡之,命矣夫!斯人也而有斯疾也!斯人也而有斯疾也!"

【译文】

冉伯牛得了重病,孔子去慰问他,从窗口握着他的手说:"去吧,是命啊!这样的人却得了这样的重病!这样的人却得了这样的重病!"

【段意】

冉伯牛是孔门德行科的高材生,从这章中可以看出,孔子对这位学生也是很满意的。冉伯牛得的是什么病,史无记载,但从孔子的话中可以看出,这是一种与行为无关的恶疾。古时候的窗口向南,得病的人应该卧在房间的北侧,如果国君去看望,便应移到南侧。因为孔子是冉伯牛的老师,冉伯牛就用接待国君的待遇来对待孔子,孔子不愿意失礼,所以就不进房间,从窗口握着他的手慰问。

6.11 子曰:"贤哉回也!一箪食①、一瓢饮,在陋巷,人不堪其忧,回也不改其乐。贤哉回也!"

【注释】

①箪(dān 单):盛饭的竹器。

【译文】

孔子说:"颜回贤能啊!一箪饭食、一瓢饮水,住在简陋的巷子里,他人受不了贫困的忧愁,颜回却不改变他的乐趣。颜回贤能啊!"

【段意】

这一章是孔子赞誉颜回"安贫乐道"。颜回的可贵不在于安于这种贫困的生活，而在于不因为条件的恶劣而改变自己原来的乐趣，孔子赞誉的也正是这一点。

6.12 冉求曰："非不说子之道，力不足也。"子曰："力不足者中道而废，今女画[①]。"

【注释】

①画：朱熹《集注》云："谓之画者，如画地以自限也。"

【译文】

冉求说："我不是不喜欢老师的学说，是能力不足。"孔子说："能力不足的停歇在途中，现今你却尚未迈步。"

【段意】

冉求在学业上有差距，却把责任推向客观，这种利口巧辩的态度是孔子最反对的；其次，孔子认为，要致力于仁德，就不存在能力不足的问题（参见本书《里仁》篇），所以毫不客气地批评了他。

6.13 子谓子夏曰："女为君子儒，无为小人儒！"

【译文】

孔子对子夏说："你要成为君子之儒，不要成为小人之儒。"

【段意】

同是儒者，也有君子、小人之分，孔子告诫子夏不要堕入末流。

6.14 子游为武城宰[①]，子曰："女得人焉耳乎？"曰："有澹台灭明者[②]，行不由径[③]，非公事未尝至于偃之室也。"

【注释】

①武城：在今山东费县西南。 ②澹台灭明：鲁国武城人，名灭明，字子羽。③径：指便捷的小路。

【译文】

子游当了武城邑的长官，孔子说："你在那儿得到人才了吗？"子游说："有个叫澹台灭明的人，行路不走小道，不是公事未曾到过我的住所。"

【段意】

子游从政，孔子问他是否得到人才，可见发现人才在政务中的重要性；子游观察人才，不以对自己的亲疏为标准，可见其出于公心。据《史记·仲尼弟子列传》，这个澹台灭明原是孔子的学生，因为"状貌甚恶"，孔子认为他学习条件不好，他就“退而修行”，子游的报告，说明他的修行是有成果的。对此，孔子也感到很内疚，他后来曾说，“我以貌取人，错看了澹台灭明”。也有人认为，从子游的语气来看，似乎在此前孔子并不认识澹台灭明，因此，他当孔子学生是后来的事。

6.15 子曰：“孟之反不伐①。奔而殿②，将入门，策其马曰③：‘非敢后也，马不进也。’”

【注释】

①孟之反：鲁国的大夫，亦作孟之侧。据《左传·哀公十一年》，孔子这里提到的是他与齐国交战中的事。伐：夸耀自己。 ②殿：在全军最后抵挡追兵。③策：马鞭，此作动词用。

【译文】

孔子说：“孟之反不夸耀自己。他在败退时殿后，即将进入城门时，鞭打着自己的马说：‘不是我胆敢断后，是马不肯走。’”

【段意】

孔子在此章中赞扬了孟之反有功不夸耀的美德。

6.16 子曰：“不有祝鮀之佞①，而有宋朝之美②，难乎免于今之世矣。”

【注释】

①祝鮀：卫国大夫，字子鱼。在本书《宪问》篇子言卫灵公之无道章中也曾提到他，把他作为有能力的大臣。 ②宋朝（zhāo 招）：宋国的公子朝，据《左传》记载，他在卫国任大夫时，曾先后与襄公夫人宣姜、灵公夫人南子私通。

【译文】

孔子说：“没有祝鮀的口才，仅有公子朝的美貌，难以在现今的世上免祸。”

【段意】

此章是孔子感叹世人只崇口才而不重真才实学。公子朝是宋国的公子，相貌美丽而有“善淫”的名声，但是，这样的人只要有祝鮀的口才就能免祸，孔子因而感叹世风日下。

6.17 子曰：“谁能出不由户①？何莫由斯道也②？”

【注释】

①户：单扇的门户，一般指室内的房门。房屋的大门都是双扇，称“门”。

②何莫:何不。道:这里的道是双关语,既指道路,又喻为人处世的准则。

【译文】

孔子说:“谁能进出不经由门户?为什么没人遵循这道路呢?”

【段意】

孔子的意思是说,道是为人立身的根本,犹如门户之于房屋、道路之于行走那样。

6.18 子曰:“质胜文则野①,文胜质则史②。文质彬彬③,然后君子。”

【注释】

①野:此指粗陋。 ②史:史官记事简明扼要,尤其要注意分寸“如《春秋》”,故用以喻指雕琢。 ③彬彬:指配合均匀得当。

【译文】

孔子说:“质朴胜于文彩就陋略,文彩胜于质朴就雕琢。文彩、质朴兼备,才是君子。”

【段意】

孔子认为,作为君子,必须兼顾本质(质朴)和形式(文彩)。

6.19 子曰:“人之生也直,罔之生也幸而免。”

【译文】

孔子说:“人能活着由于正直,欺罔能活着的是幸免。”

【段意】

这一章是说,为人必须正直。

6.20 子曰:“知之者不如好之者,好之者不如乐之者。”

【译文】

孔子说:“懂得的人不如喜好的人,喜好的人不如乐在其中的人。”

【段意】

这一章所说的是学习的三种不同用心。了解、喜好、以之为乐各有程度的区别,对学习所起的促进作用当然有所不同。对求学的人来说,则要由了解自觉地上升到喜好、以之为乐。

6.21　子曰："中人以上，可以语上也①；中人以下，不可以语上也。"

【注释】

①上：指高深的学问和道理。

【译文】

孔子说："中等水平以上的人可以谈论高深的东西，中等水平以下的人不可以谈论高深的东西。"

【段意】

此章所说的是教学的次第。学习要由浅入深、循序渐进，急于求成的态度是学不好的。

6.22　樊迟问知，子曰："务民之义①，敬鬼神而远之，可谓知矣。"问仁，曰："仁者先难而后获，可谓仁矣。"

【注释】

①之：趋向、达到。

【译文】

樊迟询问知，孔子说："务使民众趋向于义，敬奉鬼神而远离它们，可以称为知了。"樊迟询问仁，孔子说："仁就是先艰难后获取，可以称为仁了。"

【段意】

在孔门弟子中，樊迟与孔子的分歧比较大。他与孔子的对答，或者是问而见斥，或者是孔子说了他不理解。在本书《颜渊》篇中，有一条他以同样的两个问题询问孔子的记载，可与此章参看。像"知"、"仁"之类的问题，孔子的回答都有针对性，因此，从中也可窥见樊迟的主张。

6.23　子曰："知者乐水①，仁者乐山；知者动，仁者静；知者乐，仁者寿。"

【注释】

①乐(yào 药)：邢昺疏云："乐谓爱好。"意为沉浸于山水之中而与之俱化。下文"知者乐"之"乐"，是优游快乐之意。

【译文】

孔子说："知者喜好水，仁者喜好山；知者活跃，仁者娴静；知者优游，仁者长寿。"

【段意】

此章是说知者与仁者不同点。第一层是说性情，第二层是说表现，最后是说效果。《说苑·杂言》中有一章对“知者乐水，仁者乐山”作了详细的说明，可参看。

6.24 子曰：“齐一变至于鲁，鲁一变至于道。”

【译文】

孔子说：“齐国变一下就达到鲁国的状况了，鲁国变一下就达到大道了。”

【段意】

此章是孔子谈论齐、鲁两国的政教状况。齐国的开创者是姜太公，鲁国的开创者是周公，因此，齐、鲁的政教都有先王的遗风。但两国的情况又略有区别，齐国有山海之利，民众富裕，国力强盛，曾一度称霸；鲁国较多地继承了周朝的礼制，崇尚礼义。孔子从“复礼”的角度来看，鲁国更接近目标，齐国虽不尽人意，终究还有太公的余教，所以他说了以上的一番话。

6.25 子曰：“觚不觚①，觚哉？觚哉？”

【注释】

①觚(gū 孤)：古代盛酒的器皿。

【译文】

孔子说：“觚不像觚，是觚吗？是觚吗？”

【段意】

觚是一种礼器，作为礼器就有一定的规制，如果失去了这种规制，觚也就不成其觚了。孔子以此为喻，说明治理国政也必须遵循一定的准则。

6.26 宰我问曰：“仁者，虽告之曰①：‘井有仁焉②。’其从之也？”子曰：“何为其然也？君子可逝也③，不可陷也；可欺也，不可罔也④。”

【注释】

①虽：假如。 ②仁：通“人”。 ③逝：朱熹《集注》云：“逝，谓使之往救。” ④罔：朱熹《集注》云：“罔，谓昧之以理之所无。”

【译文】

宰予问道：“假如告诉仁者说：‘井里有个人啊！’他会跳下去吗？”孔子说：“为

什么会那样呢？君子会去救人，却不会自己陷进去；可以欺骗他，却不可以愚弄他。”

【段意】

宰我对施行仁德有怀疑，因此设了一个难题来问孔子。孔子认为，君子可能会受到打着仁德旗号者的欺骗，但决不会像宰我所说的那样被愚弄。

6.27　子曰：“君子博学于文，约之以礼，亦可以弗畔矣夫[①]。”

【注释】

①畔：通“叛”，背离。

【译文】

孔子说：“君子广泛地学习典制，用礼仪来制约，也就可以不背离大道了。”

【段意】

此章是说礼仪对于施行大道的重要性。

6.28　子见南子[①]，子路不说，夫子矢之曰[②]：“予所否者，天厌之！天厌之！”

【注释】

①南子：卫灵公（公元前534—前493年在位）夫人，原是宋国贵族。　②矢：发誓。

【译文】

孔子去见南子，子路不高兴，孔子发誓说：“我做得不对的话，上天嫌弃我！上天嫌弃我！”

【段意】

据《史记·孔子世家》记载，公元前496年孔子第二次来到卫国时，南子一定要与孔子相见，孔子推辞不了，只得去见了一次。当时，南子隔着帷幕，“孔子入门，北面稽首；夫人自帷中再拜，环珮玉声璆然，孔子曰：‘吾乡为弗见，见之礼答焉。’”因南子的名声不大好，所以子路对孔子去见南子一事有看法，孔子见弟子无法理解自己的作为，就用发誓的方式来表明心迹。

6.29　子曰：“中庸之为德也，其至矣乎，民鲜久矣。”

【译文】

孔子说：“中庸作为一种德行，大概是最高的了，民众缺乏它很久了。”

【段意】

此章是孔子感叹当时缺乏中庸之德。《礼记·中庸》篇说:“喜怒哀乐之未发谓之中,发而皆中节谓之和。中也者,天下之大本也;和也者,天下之达道也。”可见,中庸就是“中和之为用”的意思。至于后来宋代理学家所谓的“不偏之谓中,不易之为庸。中者,天下之正道;庸者,天下之定理”,与孔子的原意不完全一致。

6.30 子贡曰:“如有博施于民而能济众,何如?可谓仁乎?”子曰:“何事于仁,必也圣乎!尧、舜其犹病诸[①]!夫仁者,己欲立而立人,己欲达而达人。能近取譬[②],可谓仁之方也已[③]。”

【注释】

①尧、舜:传说中上古时代的两位贤君。病:《广雅·释诂》:“病,难。”②近:指自身周围。 ③方:方法、途径。

【译文】

子贡说:“假如君主广泛施惠于民并且能赈济大众,怎么样啊?能称为仁吗?”孔子说:“岂止是仁,该是圣人了!尧、舜大概还做不到呢!作为仁者,自己要立身从而使他人立身,自己要通达从而使他人通达。能近取己身为例,可以称为仁的途径了。”

【段意】

“圣”与“仁”是有区别的道德概念,子贡不懂得这一点,孔子为他讲明两者的不同。孔子说仁的言论很多,但都是有针对性的,因人而异。张岱年先生认为,这一段话可以看作是仁的基本定义。

述而第七

7.1 子曰："述而不作①，信而好古，窃比于我老彭②。"

【注释】

①述：传述已有的成果。作：创立新说。　②窃：私下。在这里表示尊敬。老彭：商代的"贤大夫"，相传他长寿而好述古事。孔子的祖籍是宋国，而宋是商人的后裔，所以孔子称老彭是"我们的"老彭。一说，老彭是指老子和上古时代的彭祖。

【译文】

孔子说："传承成说而不创立新义，信奉并喜好古时候的准则，私下自比于我们的老彭。"

【段意】

孔子自谦自己的著述只是"传承成说"。这虽是一句谦语，却也说明了孔子思想与古代文化传统的密切关系。

7.2 子曰："默而识之①，学而不厌②，诲人不倦，何有于我哉③？"

【注释】

①识（zhì 志）：朱熹《集注》云："识，记也。默识，谓不言而存诸心也。一说，识，知也，不言而心解也。"　②厌：满足。　③何有于我：朱熹《集注》："何有于我，言何者能有于我也。"

【译文】

孔子说："默记而悟想，学习不觉满足，教导他人不厌倦，哪一条是我所具备的呢？"

【段意】

此章所说的三条既是孔子教育他人的准则，也是孔子自身行为的写照（本篇孔子与公西子华谈话中说,“教导他人不厌倦,我还差不多”),孔子说“哪一条是我所具备的呢”是自谦。

7.3　子曰:“德之不修,学之不讲,闻义不能徙,不善不能改,是吾忧也。”

【译文】

孔子说:“道德不去修行,学问不去讲习,知晓了义理不能转变观念,不好的地方不能改正,这些是我所担忧的。”

【段意】

这章所说的四点是修身的要点。孔子说“担忧”,既是自勉,也是希望人们经常用这几点来检查自己。

7.4　子之燕居①,申申如也,夭夭如也。

【注释】

①燕:通“闲”。

【译文】

孔子闲居时,仪态舒缓,神色和悦。

【段意】

此章是门徒记述孔子闲居时的仪态。孔子不仅言教,同时也重视身教,所以门徒们也记述孔子的行为、仪态,作为学习的典范(本书《乡党》篇几乎都是这类材料)。闲居无人时,一般是人们仪态比较松懈的时候,孔子能做到松而不弛,说明他持身严谨。朱熹《集注》引程颐说云:“今人燕居之时,不怠惰放肆,必太严厉。严厉时著此四字不得,怠惰放肆时亦著此四字不得,惟圣人便自有中和之气。”

7.5　子曰:“甚矣吾衰也!久矣,吾不复梦见周公①。”

【注释】

①周公:周文王的儿子、周武王的弟弟,名旦。传说他在辅佐武王灭商后,曾制礼作乐,为周王朝确定了一整套礼仪典制。他是鲁国的始封国君,也是孔子心目中所钦佩的圣人之一。

【译文】

孔子说:“我衰老得多么厉害啊!很久了,我没有再梦见过周公。”

【段意】

此章是孔子感叹自己年事已高，但大道却仍未能施行。所谓梦见周公，未必是真的说梦，而是推行大道的隐语。

7.6 子曰："志于道，据于德，依于仁①，游于艺②。"

【注释】

①依：依傍。一说，此处的依是不违背的意思。 ②游于艺：朱熹《集注》云："游者，玩物适情之谓。艺，则礼乐之文，射、御、书、数之法，皆至理所寓而日用之不可阙者也。"

【译文】

孔子说："立志于道，据守于德，依傍于仁，优游于六艺。"

【段意】

此章是讲修身治学的次序。即由立志发端，以修身为基础，把仁德作为目标，通过学习六艺来涵养德行。六艺是孔子用来教育学生的六门知识，它们是礼（礼仪）、乐（音乐）、射（射技）、御（驾车）、书（文字）、数（算术）。儒家学者认为，这六门知识"皆至理所寓而日用之不可阙者也"，优游于六艺，不仅有助于德行，同时也使学生在闲暇时不致松懈。

7.7 子曰："自行束修以上①，吾未尝无诲焉。"

【注释】

①自行：从某种行为开始。一说，自行是指主动做某种行为。束修：修指干肉，束修就是十条干肉。古人相见，必须执物为礼，束修是其中最菲薄的一种。一说是指束发修容，即已离童稚的意思。

【译文】

孔子说："从给予束修的人开始，我从未不加教诲的。"

【段意】

孔子的意思是说，人们只要对他具备最起码的礼节，他就愿意教诲他们。

7.8 子曰："不愤不启①，不悱不发②，举一隅不以三隅反则不复也③。"

【注释】

①愤：朱熹《集注》云："愤者，心求通而未得之意。" ②悱：朱熹《集注》云：

“悱者，口欲言而未能之意。” ③隅(yú 鱼)：角，朱熹《集注》云：“物之有四隅者，举一可知其三。”反：同“返”，回答。复：再次。

【译文】

孔子说：“不冥思苦想不启迪，不郁积难言不开导，举一个方面不能进而理解其他方面就不再讲解了。”

【段意】

孔子比较注重启发式教育，但他也强调学习者的主动性。如果学生依赖老师或自己不动脑筋，也就不再进一步教导了。

7.9 子食于有丧者之侧，未尝饱也。

【译文】

孔子在服丧者边上进食，未曾吃饱过。

【段意】

在西周初年，“儒”原是一个具有专门知识技能的阶层，他们的主要谋生途径是替人家办理丧事。孔子年轻时曾担任过这个职业，所以人们把他创立的学派叫做儒家。也正因为如此，孔子对丧礼特别熟悉。替人办丧事，应当有哀伤的表示，但不能因哀废食，因为肚子饿了不能办事；然而又不能大吃大喝，这样就对丧家不敬了。

7.10 子于是日哭，则不歌。

【译文】

孔子在这一天哭泣过，就不歌咏了。

【段意】

此处的“哭泣过”，是指参加吊唁活动(见《礼记·檀弓》)。孔子在这天是不娱乐的，因为他觉得，如果娱乐，不仅是对死者不敬，而且也是对自己行礼的亵渎。

7.11 子谓颜渊曰：“用之则行，舍之则藏，惟我与尔有是夫！”

子路曰：“子行三军①，则谁与②？”子曰：“暴虎冯河③，死而无悔者，吾不与也。必也临事而惧，好谋而成者也④。”

【注释】

①三军：当时的一军为一万二千五百人。 ②与：一同。 ③暴虎冯河：朱熹《集注》云：“暴虎，徒搏。冯河，徒涉。” ④成：成就事情。清代学者焦循释“成”为定，指决断的意思。

【译文】

孔子对颜回说："举用就实行，舍弃就藏匿，唯有我和你能这样。"

子路说："老师若统率三军，与谁同往呢？"孔子说："空手搏虎、徒涉渡河，因此死而无悔的人，我不和他同往，必须是临事忧惧、喜好谋划而成事的人。"

【段意】

孔子赞誉颜回，子路也想博得老师的表扬，于是询问"统率三军，与谁同往"（子路有勇力，所以他估计老师如果去打仗，一定会带他去）。孔子借此教诲子路，好勇还须有谋。

7.12　子曰："富而可求也，虽执鞭之士①，吾亦为之。如不可求，从吾所好。"

【注释】

①执鞭之士：朱熹《集注》："执鞭，贱者之事。"

【译文】

孔子说："富有若能求得，即使是下贱的差事，我也会去做。如果不能求得，就依从我所喜好的吧！"

【段意】

子夏曾说过"死生有命，富贵在天"的话（见本书《颜渊》篇），估计孔子也是赞同的。既然"富贵在天"，就不能去强求。孔子婉转地表明了自己不企羡富贵的人生态度。

7.13　子之所慎：齐、战、疾①。

【注释】

①齐：同"斋"，斋戒。这是古代祭祀前洁净身心的步骤。

【译文】

孔子所慎重对待的事是斋戒、作战、疾病。

【段意】

斋戒是表示祭祀的诚心，作战关涉生死，疾病损害了得之父母的身体，因此，孔子对这三件事都取慎重态度。

7.14　子在齐闻《韶》，三月不知肉味，曰："不图为乐之至于斯也。"

【译文】

孔子在齐国听到了《韶》乐，很长时间不觉得肉的美味，说：“想不到这乐曲竟达到了如此的境地。”

【段意】

此章可与本书《八佾》篇《韶》乐尽善尽美章参看。孔子所赞赏的不完全是乐曲的美妙，而在于作乐者的德行。相传《韶》乐是舜帝的雅乐，因此，孔子实际是在赞誉上古文治的尽善尽美。

7.15 冉有曰：“夫子为卫君乎①？”子贡曰：“诺，吾将问之。”

入，曰：“伯夷、叔齐何人也？”曰：“古之贤人也。”曰：“怨乎？”曰：“求仁而得仁，又何怨？”

出，曰：“夫子不为也。”

【注释】

①为：在此是赞同、帮助的意思。卫君：卫出公，名辄，公元前492—前481年在位。

【译文】

冉有说：“夫子会帮助卫君吗？”子贡说：“是啊，我正想问老师。”

于是进屋问道：“伯夷、叔齐是怎样的人呢？”孔子说：“古时候的贤人。”子贡说：“他们有怨恨吗？”孔子说：“谋求仁而得到了仁，有什么怨恨的呢？”

子贡退出来，说：“夫子不会帮助。”

【段意】

鲁哀公二年（前493），卫灵公去世，其孙子辄继位，是为出公。不久，晋国就把逃亡在外的太子蒯聩（辄的父亲）送回，卫、晋的关系很紧张，战事一触即发。孔子在卫国时曾受到过辄的礼遇，因此，弟子们猜测孔子可能会帮助出公，子贡用比较隐晦的方式去询问孔子。伯夷、叔齐是孤竹国君的二个儿子，因相互辞让君位而出走，最后饿死于首阳山。子贡借这件史事问孔子，他们会怨恨过去的行为吗？如果孔子有意帮助出公，就会说有。然而孔子认为，出公以儿子对抗父亲，是不义，无意帮助他，所以说伯夷、叔齐得其所求，无所怨恨。子贡因而窥知了孔子的意向。本书《公冶长》篇伯夷叔齐不念旧恶章似乎是对本章的补充说明，可以参阅。

7.16 子曰：“饭疏食饮水，曲肱而枕之①，乐亦在其中矣。不义而富且贵，于我如浮云。”

【注释】

①肱：手臂。

【译文】

孔子说："吃粗食、饮凉水，弯起手臂当枕头，其中也是有乐趣的。不义却富有、显贵，对于我就如同浮云一般。"

【段意】

此章与本篇富贵若能求得章的基本意思相同。宋代理学家程颐进一步推广说，不仅要不为富贵所动，而且要知道这样做的乐趣在什么地方（见朱熹《集注》）。

7.17 子曰："加我数年，五十以学《易》，可以无大过矣。"

【译文】

孔子说："让我多活几年，到五十岁得以研习《易》，就能没有大的过失了。"

【段意】

《易》是儒家经典中最为难懂、难以通晓的一部书，孔子的意思是说，《易》不可不学，但又很不容易学。传说孔子在晚年曾悉心学《易》，由于不容易读懂，孔子反复阅读，以致编连简册的皮带子都磨断了多次（《史记·孔子世家》）。这一章的确切涵义，在学者中颇有争议，否认孔子在晚年学《易》的人，对这章的读法提出了种种见解，有的说，"易"通"亦"，当属下读，孔子的意思是学到老可以没有大的过错了；有的在"五十"上做文章，如朱熹认为这两个字是"卒"之误分，还有的甚至将它们改为"吾"或"七十"、"九十"等等。李学勤在《周易经传溯源》一书中，对这些说法一一作了评说，并举出近年来在马王堆出土的帛书《易经》之后所附的内容，对孔子晚年学《易》一事作了肯定。

7.18 子所雅言①，《诗》、《书》、执礼，皆雅言也。

【注释】

①雅言：雅是正的意思，雅言指规范的语言。

【译文】

孔子用规范言语的场合，是吟诵《诗》、《书》，述说礼仪，都是规范的语言。

【段意】

用规范的言语来诵谈《诗》、《书》、礼仪，是表示郑重的态度。

7.19 叶公问孔子于子路[①],子路不对。子曰:“女奚不曰,其为人也,发愤忘食,乐以忘忧,不知老之将至云尔[②]。”

【注释】

①叶(shè 摄)公:叶地的长官,叶在今河南叶县以南,当时属楚。据记载,此人名叫沈诸梁,字子高,是楚国司马沈尹戌的儿子。 ②云尔:如此而已。

【译文】

叶公向子路询问孔子,子路不回答。孔子说:“你怎么不说,他的为人啊,发愤起来忘记了吃饭,欢乐起来忘记了忧愁,不知道衰老即将来临。”

【段意】

这一章可以说是孔子的“自我鉴定”。孔子认为,自己最大的特点是对大道的忘我追求。

7.20 子曰:“我非生而知之者,好古,敏以求之者也。”

【译文】

孔子说:“我不是生来就懂得的人,是喜好古代典制、勉力以求的人。”

【段意】

此章也是孔子的“自我鉴定”。他把“敏而求之”作为自己取得成绩的一个重要原因。

7.21 子不语怪、力、乱、神。

【译文】

孔子不谈论怪异、勇力、悖乱、神鬼。

【段意】

怪异、勇力、悖乱都有悖于大道,神鬼有不易究明之处,所以孔子不谈论它们。

7.22 子曰:“三人行[①],必有我师焉。择其善者而从之,其不善者而改之。”

【注释】

①三人:这里的“三人”不一定是实数。

【译文】

孔子说:“三个人同行,必定有我足以师法的东西。择取其中好的地方依从,不好的地方改正。”

【段意】

孔子曾经说过,他的成材有很大成分得益于“敏而求之”;子贡也说,孔子没有一定的老师(见本书《子张》篇),本章就是一个很好的注脚。

7.23 子曰:“天生德于予,桓魋其如予何①?”

【注释】

①桓魋(tuí 颓):宋国人,向戌的孙子。当时他在宋国担任主管军政的司马,因他是宋桓公的后裔,所以亦称桓。

【译文】

孔子说:“上天把德行赋予我,桓魋能把我怎么样呢?”

【段意】

鲁哀公三年(前492),孔子途经宋国,宋国的司马桓魋想加害于孔子,弟子们催孔子快离开那里,孔子就说了以上这番话。它充分体现了孔子临难不惧、处之泰然的态度。

7.24 子曰:“二三子以我为隐乎?吾无隐乎尔!吾无行而不与二三子者,是丘也。”

【译文】

孔子说:“你们这些后生认为我有隐瞒吗?我没有隐瞒啊!我没有什么事不和你们一起去做,这就是我啊。”

【段意】

此章是孔子自表光明磊落的心迹。朱熹《集注》云:“诸弟子以夫子之道高深不可几及,故疑其有隐,而不知圣人作、止、语、默无非教也,故夫子以此言晓之。”

7.25 子以四教:文、行、忠、信。

【译文】

孔子用四项内容教诲:典制、德行、忠诚、守信。

【段意】

这四项内容可以视为孔子的教学大纲。典制、德行互为表里,忠诚、守信则是最基本的学习要求。

7.26 子曰:“圣人,吾不得而见之矣,得见君子者斯可矣。”

子曰:“善人,吾不得而见之矣,得见有恒者斯可矣。亡而为有,虚而为盈,约而为泰[①],难乎有恒矣。”

【注释】

①约而为泰:泰是奢泰的意思,故与此相对的“约”当解为俭约或贫困。

【译文】

孔子说:“圣人,我是不能见到了,能见到君子就行了。”

孔子说:“善人,我是不能见到了,能见到守常有素的人就行了。没有却充作有,空虚却充作盈实,贫困却充作奢泰,是难以守常有素的。”

【段意】

此章说为人应实事求是、表里一致。

7.27 子钓而不纲[①],弋不射宿[②]。

【注释】

①纲:渔网上用以收束的绳子,此作动词用,指在水流上拦网捕鱼。 ②弋:带细绳的箭,以便回收猎物。宿:鸟巢,亦解作歇宿的鸟儿。

【译文】

孔子钓鱼,但不截流网鱼;射鸟,但不猎击鸟巢。

【段意】

从这两件小事上可以看出孔子对事物的仁爱之心。

7.28 子曰:“盖有不知而作之者,我无是也。多闻,择其善者而从之,多见而识之,知之次也[①]。”

【注释】

①次:次一等、差一点。

【译文】

孔子说:“大概有不懂得就妄作的人,我不是这样的。多听,择善而从;多看,择善而记,那比生来就懂的差一点。”

【段意】

孔子并不否认“生而知之”,但他认为自己不是这样的人。他多次谈到,他的成绩得益于虚心好学。正因为如此,孔子对于不懂装懂、夸夸其谈的行为是深恶痛绝的。

7.29 互乡难与言[①],童子见,门人惑,子曰:"与其进也[②],不与其退也,唯何甚[③]? 人洁己以进,与其洁也,不保其往也。"

【注释】

①互乡:地名,今地不详,或说在鲁国南部。 ②与其进也:一说,"人洁己以进,与其洁也,不保其往也"等语当在此句之前。 ③唯何甚:朱熹《集注》云:"'唯'字上下疑又有阙文,大抵亦不为已甚之意。"

【译文】

互乡的人难以进言,孔子却见了那儿的一个少年,门徒感到困惑,孔子说:"我鼓励他的进步,不赞同他的退步,你们为何如此过分呢? 别人洁身而来,应该鼓励他的自洁,不追究他的已往。"

【段意】

这章也是说教育态度。孔子对于有过失者的态度一般是宽容的,互乡的少年有进步的表现,他就进行鼓励;冉雍的家世有污点,他充分肯定冉雍本人的长处。这也是孔子"有教无类"的体现。

7.30 子曰:"仁远乎哉? 我欲仁,斯仁至矣。"

【译文】

孔子说:"仁遥远吗? 我想望仁,仁就来到了。"

【段意】

仁是儒家最高的德行范畴,它的要求很高。但孔子又认为,仁并不是高不可攀的,只要去追求、实践,是可以具备的。也就是说,能不能做到仁,不是能力问题,而是有无主观要求问题。

7.31 陈司败问昭公知礼乎[①],孔子曰:"知礼。"

孔子退,揖巫马期而进之[②],曰:"吾闻君子不党,君子亦党乎? 君取于吴[③],为同姓,谓之吴孟子。君而知礼,孰不知礼?"

巫马期以告,子曰:"丘也幸,苟有过,人必知之。"

【注释】

①陈司败:陈国大夫,司败是人名。一说,司败是陈、楚等国的官名,相当于其他诸侯国的司寇。昭公:鲁昭公,名裯,或作裪,公元前541—前510年在位。 ②巫马期:鲁国人(司马贞《索隐》引《家语》说他是陈国人),名施,字子期(一作子旗)。孔子的弟子。 ③取:同"娶"。吴:周先祖太王之子太伯、仲雍在今江、

浙一带所建立的国家。鲁国的先祖是周武王的弟弟，因此后文说他们与鲁国王族是同姓。当时规定同姓不能婚配，所以陈司败认为昭公失礼。

【译文】

陈司败询问鲁昭公是否知礼，孔子说："知礼。"

孔子退出来，陈司败把巫马期请了进去，说："我听说君子不偏袒，难道君子也会偏袒吗？我们的国君娶了吴国的女子，是同姓，称为吴孟子。我们的国君知礼，谁不知礼呢？"

巫马期把这些话告诉了孔子，孔子说："我很幸运，如有过错，别人必定知道。"

【段意】

孔子是主张"为尊者隐"的，因此，他对于陈司败的询问只能如此回答。如果听者不假思索地同意，那么孔子即使说真话也是白费口舌；如果听者能辨别是非，是不难明白孔子的苦心的。

7.32 子与人歌而善，必使反之①，而后和之。

【注释】

①反之：重唱一遍。

【译文】

孔子与他人一起唱歌，如果好，必定让那人再唱一遍，然后再应和他。

【段意】

此章是说孔子虚心和善于学习。他人唱歌唱得好，孔子让那人再唱一遍，是要弄清好在什么地方；然后再应和，是学习那人的长处。

7.33 子曰："文，莫吾犹人也①。躬行君子，则吾未之有得。"

【注释】

①莫：或许、大概的意思。一说，"文莫"当连读，是勉强的意思。犹人：朱熹《集注》云："言不能过人而尚可以及人。"

【译文】

孔子说："文事方面，或许我与他人差不多。作为躬行实践的君子，那么我还没有达到。"

【段意】

这章也是孔子的自谦。孔子单单提出文事、实践，并非是泛泛自谦，足见这两者的重要性。

7.34 子曰："若圣与仁，则吾岂敢？抑为之不厌，诲人不倦，则可谓云尔已矣。"

公西华曰："正唯弟子不能学也。"

【译文】

孔子说："要说圣和仁，我怎么敢当呢？倘说实行而不满足，教导他人不厌倦，那就可说是差不多了。"

公西赤说："这正是我们做学生的难以学到的。"

【段意】

此章与本篇"学而不厌，诲人不倦"章的大意相同。《孟子·公孙丑》中提到，孟子说："昔者子贡问于孔子曰：'夫子圣矣乎？'孔子曰：'圣则吾不能，我学不厌而教不倦也。'子贡曰：'学不厌，智也；教不倦，仁也。仁且智，夫子既圣矣！'"与此章意义相近，可参看。

7.35 子疾病①，子路请祷。子曰："有诸？"子路对曰："有之，诔曰②：'祷尔于上下神祇③。'"子曰："丘之祷久矣。"

【注释】

①疾病：古人称一般的病痛为疾，重病为病。此处疾病连言，犹如现在所说的病得很重。 ②诔：向神灵祷告的文辞。 ③神祇（qí 祁）：古人称天神为"神"，地神为"祇"。

【译文】

孔子患了重病，子路请求祈祷。孔子说："有这样做的吗？"子路答道："有的，诔文说：'为你向上下神灵祈祷。'"孔子说："我祈祷很久了。"

【段意】

孔子对鬼神采取敬而远之的态度，他不反对人们相信它们，也不沉溺于鬼神信仰。子路请求为他祈祷，孔子认为自己平常的所作所为合乎大道，所以说"我祈祷很久了"，以此婉转地劝阻子路，叫他不必去祈祷了。

7.36 子曰："奢则不孙①，俭则固②。与其不孙也，宁固。"

【注释】

①孙：同"逊"，谦逊、恭顺。 ②固：朱熹《集注》云："固，陋也。"一说，固是固陋，意为顽固。

【译文】

孔子说:“奢侈就不恭顺,俭朴就简陋。与其不恭顺,宁可简陋。”

【段意】

不恭顺和简陋都不合乎礼义,但相比较而言,不恭顺的害处大,所以孔子说“宁可简陋”。

7.37 子曰:“君子坦荡荡,小人长戚戚。”

【译文】

孔子说:“君子心地坦荡,小人经常忧戚。”

【段意】

这一章是说君子、小人的不同心境。朱熹《集注》引程颐说云:“君子循理,故常舒泰;小人役于物,故多忧戚。”

7.38 子温而厉,威而不猛,恭而安。

【译文】

孔子温和而严厉,威严却不粗暴,谦恭而安详。

【段意】

此章是说孔子的仪态,充分体现了无过无不及的中和之气。

泰伯第八

8.1　子曰："泰伯[1]，其可谓至德也已矣。三以天下让，民无得而称焉。"

【注释】

①泰伯：周先祖古公亶父的长子，与周文王的父亲季历是同胞兄弟。据说因季历之子姬昌有圣瑞，所以他们的父亲有意让季历继位，以使王位传给姬昌，但泰伯是长子，没有失德的行为，不能轻易废黜，所以感到很为难。泰伯得知后，就自动与弟弟仲雍一起跑到南方荆蛮之地去，让出了王位。

【译文】

孔子说："泰伯，那可称为德行的顶峰了。他多次把天下让出，民众几乎无从称颂。"

【段意】

泰伯不仅让出了王位，而且连让位的美名也放弃了，使民众无从称赞他。孔子对此非常赞赏。行善，当然是美德，但还有为名与不为名之分。能做到不为名而行善，无疑是"至德"了。

8.2　子曰："恭而无礼则劳，慎而无礼则葸[1]，勇而无礼则乱，直而无礼则绞[2]。君子笃于亲[3]，则民兴于仁；故旧不遗，则民不偷[4]。"

【注释】

①葸（xǐ 喜）：胆怯、懦弱。　②绞：尖刻。一说，指急切。　③笃：厚道。④偷：人情淡薄。

【译文】

孔子说："恭顺而无礼就劳累，谨慎而无礼就懦弱，勇敢而无礼就莽撞，直爽而无礼就尖刻。君子对亲人厚道，民众就致力于仁；不遗弃故人、旧族，民众就不会淡薄无情。"

【段意】

此章是说礼的重要性。对个人而言,没有礼的制约,行为会偏离正道;对治理国家而言,没有礼的引导,社会风气就不会端正。

8.3 曾子有疾①,召门弟子曰:"启予足②,启予手。《诗》云'战战兢兢,如临深渊,如履薄冰',而今而后,吾知免夫,小子!"

【注释】

①曾子:曾参。 ②启:此指掀开被子。

【译文】

曾子患了重病,召唤门下的弟子说:"打开被子看看我的脚,打开被子看看我的手。《诗·小雅·小旻》说'战战兢兢,如同面临深渊,如同践履薄冰',从今以后,我才知道能免于祸难了,后生们!"

【段意】

儒家认为,人的身体发肤都受之父母,父母把这些完整地给了自己,自己也应该完整地还给父母。因此,《孝经》说不毁伤身体发肤是"孝之始也"。此章说,曾子病重临死之前让弟子看看他的手脚,表示他没有毁伤父母给予的身体,就放心地说"能免于祸难"了。

8.4 曾子有疾,孟敬子问之①。曾子言曰:"鸟之将死,其鸣也哀;人之将死,其言也善。君子所贵乎道者三②:动容貌③,斯远暴慢矣④;正颜色,斯近信矣;出辞气,斯远鄙倍矣⑤。笾豆之事⑥,则有司存⑦。"

【注释】

①孟敬子:鲁国大夫仲孙捷,孟武伯的儿子,"敬"是他的谥号。问:慰问。 ②道:郑玄云:"此道谓礼也。" ③动容貌:刘宝楠《正义》云:"谓以礼动之。" ④暴慢:暴,粗悖;慢,傲慢。 ⑤鄙倍:鄙,鄙陋;倍,同"背",违背。 ⑥笾(biān 扁)豆:指礼器。两者的形状完全一样,但笾为竹制、豆为木制。 ⑦有司:有关部门。

【译文】

曾子患了重病,孟敬子去慰问他。曾子对他说:"鸟快要死去时,它的叫声悲哀;人快要死去时,他的话语善和。君子所看重的礼仪准则有三项:严肃礼容外貌,就避免了粗悖傲慢;端正仪态神色,就近于诚实守信;注意言辞声调,就避免了鄙陋背理。陈设礼器之类的事,自有有关部门照管。”

【段意】

曾子认为,学道以修身为最重要,相对而言,陈设礼器之类的事只是细枝末节(《说苑·修文》中有一章与此章内容相近,在“此有司之事也”之下谓“君子虽不能可也”,意思更明确)。曾子在这里所说的三项礼仪准则,据前人的解释说:“人之相接,先见容貌,次观颜色,次交语言,故三者相次而言也。”

8.5 曾子曰:“以能问于不能,以多问于寡,有若无,实若虚,犯而不校,昔者吾友尝从事于斯矣①。”

【注释】

①吾友:前人大多认为,此处的“吾友”是指颜渊。也有人认为,称“吾友”是说自己不具备这种德行的意思。

【译文】

曾子说:“有才能的向没有才能的求教,知识多的向知识少的求教,有如同没有,充实如同空虚,受到冒犯却不计较,过去我的朋友曾在这些方面作过努力。”

【段意】

这章是说,无论求学、为人,都要以谦逊为本。

8.6 曾子曰:“可以托六尺之孤①,可以寄百里之命②,临大节而不可夺也。君子人与?君子人也。”

【注释】

①六尺:当时的六尺大约合现在的138厘米,指小孩子。前人认为,此处的“六尺之孤”是指未成年的幼君。 ②命:国家的政令,一说指命运。

【译文】

曾子说:“能够托付未成年的幼君,能够代理百里之国的政务,面临生死存亡的关头不动摇。君子是这样的人吗?君子是这样的人啊!”

【段意】

此章是说君子的德行节操。

8.7 曾子曰:“士不可以不弘毅①,任重而道远。仁以为己任,不亦重乎?死而后已,不亦远乎?”

【注释】

①弘毅：朱熹《集注》云："弘，宽广也；毅，强忍也。"一说，弘相当于现在的强，弘毅就是强毅（章太炎《广论语骈枝》）。

【译文】

曾子说："士人不能不宽弘坚毅，因为责任重大而道途遥远。把仁作为自己的责任，不重大吗？直到死才可停歇，不遥远吗？"

【段意】

此章是说以仁为己任的艰难性。

8.8 子曰："兴于《诗》，立于礼，成于乐。"

【译文】

孔子说："以《诗》来起步，以礼仪来立身，以音乐来完善。"

【段意】

此章是说如何用《诗》、礼仪、音乐来修身，同时，孔子所说的也是学习由浅入深的次序。

8.9 子曰："民可使由之[①]，不可使知之。"

【注释】

①由：遵循。

【译文】

孔子说："民众能在使用中遵行，不能在使用中理解。"

【段意】

这句话一度被认为是孔子的愚民政策，也有人认为它应当读作"民可，使由之；不可，使知之"，看来都不是孔子的本意。此章所说的，不是统治者与民众的关系，而是民众与大道的关系。孔子认为，大道无处不在，民众能不自觉地运用，但不能自发地理解。要使民众理解大道，必须进行教育。

8.10 子曰："好勇疾贫，乱也。人而不仁，疾之已甚，乱也。"

【译文】

孔子说："喜好勇武而厌恶贫困，是祸乱；作为人而不仁，对其厌恶过甚，是祸乱。"

【段意】

这里所说引起祸乱的两种态度，虽有善恶的不同，但结果是一样的。孔子的着意是在后者，要君子注意处理好与小人的关系。孔子曾说过“唯女子与小人为难养”（见本书《阳货》篇）的话，与这里所说是同样的意思。

8.11 子曰：“如有周公之才之美，使骄且吝，其余不足观也已。”

【译文】

孔子说：“如果具有像周公那样的完美才能，假如骄傲而且吝啬，其他方面就不足取了。”

【段意】

这章是要人们戒除骄傲和吝啬，凡有这样的行为，即使是周公，也不足取了。

8.12 子曰：“三年学，不至于谷①，不易得也。”

【注释】

①不至于谷：朱熹《集注》云：“谷，禄也。至，疑当作‘志’。”

【译文】

孔子说：“多年求学，不去想到谋取谷米，是不容易做到的。”

【段意】

孔子赞赏笃志于道的学习态度。他并不一概反对做官，也不反对在极其困难的条件下为了父母而去谋食，但不主张为了牟利而学道。

8.13 子曰：“笃信好学①，守死善道。危邦不入，乱邦不居。天下有道则见，无道则隐。邦有道，贫且贱焉，耻也；邦无道，富且贵焉，耻也。”

【注释】

①笃：笃实。

【译文】

孔子说：“信仰坚定而好学，守节至死完善大道。不进入将有危难的国家，不居留发生动乱的国家。天下清平就出仕，世道昏乱就隐居。国家有道，贫困、卑贱是耻辱；国家昏乱，富有、显贵是耻辱。”

【段意】

这章的中心是要人们忠实于自己的信念，爱护自己的名节。关于“危邦不入，乱邦不居”，朱熹《集注》阐发说：“君子见危授命，则仕危邦者无可去之义，在外则不入可也。乱邦未危而刑政纪纲紊矣，故洁其身而去之。”

8.14　子曰：“不在其位，不谋其政。”

【译文】

孔子说：“不在这个职位上，就不谋划它的政务。”

【段意】

此章并不是主张政治冷淡，而是说君子处事的一种准则，上一章“危邦不入，乱邦不居”就是一例。

8.15　子曰：“师挚之始①，《关雎》；之乱②，洋洋乎盈耳哉！”

【注释】

①师挚：鲁国的太师，名挚。始：乐曲的首章。　②乱：乐曲的末章。

【译文】

孔子说：“师挚奏乐之始，安排了《关雎》；演奏到末章，耳中充满了美盛的乐声。”

【段意】

《关雎》是《诗》的起始第一首歌，也是《国风》的开篇。当时，“郑声”对雅乐的冲击很大，孔子认为是有乖礼法的。因此，他赞赏师挚的做法。《诗》三百篇都能吟唱，据说，孔子在整理《诗》时，曾把它们配乐演奏过，“以求合《韶》、《武》、《雅》、《颂》之音”（《史记·孔子世家》）。

8.16　子曰：“狂而不直，侗而不愿①，悾悾而不信②，吾不知之矣。”

【注释】

①侗而不愿：朱熹《集注》云：“侗，无知貌。愿，谨厚也。”　②悾悾（kòng空）：诚实、诚恳。朱熹《集注》则谓“无能貌”。

【译文】

孔子说：“狂放而不正直，无知而不谨慎，样子诚实而不能相信，我不明白这种人。”

【段意】

这章是说,小人的行为每每与常人不同,不能简单地据表面现象来作结论。

8.17　子曰:“学如不及,犹恐失之。”

【译文】

孔子说:“学习总像及不上似的,尚且恐怕失去什么。”

【段意】

此章是说,学习不能松懈。

8.18　子曰:“巍巍乎!舜、禹之有天下也而不与焉[①]。”

【注释】

①禹:传说中上古时代的贤君,因治水有功而被舜选为接班人。与(yù 预):占有、私有。

【译文】

孔子说:“崇高啊!舜、禹拥有天下却不占有它。”

【段意】

据传说,舜、禹虽然曾统有天下,但他们都没有把王位传给自己的儿子,而是选拔有才能的人,经过实践考察后,把王位传给他(禹把王位传给了协助他治水的伯益,据说因禹的儿子启有德行,所以人们都去归附启。启开创了夏王朝,从此,王位的传授就改为在家族内部传子。不过,这不是禹的主意),这就是这里所谓的“拥有天下却不占有它”。这种传授王位的方式虽然次于“公天下”,但不据为己有的态度仍能调动他人的积极性,因而能达到“小康”的水平(参见《礼记·礼运》)。这种做法在“家天下”的时代还是难能可贵的,所以孔子要赞叹。

8.19　子曰:“大哉尧之为君也!巍巍乎,唯天为大,唯尧则之[①]。荡荡乎,民无能名焉。巍巍乎其有成功也,焕乎其有文章[②]!”

【注释】

①则:取则、效法。　②焕:朱熹《集注》云:“焕,光明之貌。”

【译文】

孔子说:“尧作为君主伟大啊!崇高啊,唯有上天最高大,唯有尧能效法它。浩瀚啊,民众无法形容。他的功业崇高啊,他的礼仪典制灿烂啊。”

【段意】

此章是赞颂尧(儒家所谓的五帝之一)的伟大。

8.20 舜有臣五人而天下治①。武王曰②:"予有乱臣十人③。"

孔子曰:"才难,不其然乎?唐虞之际④,于斯为盛,有妇人焉,九人而已。三分天下有其二⑤,以服事殷。周之德,其可谓至德也已矣。"

【注释】

①臣五人:指辅佐舜治理天下的禹、稷(周族的祖先)、契(商族的祖先)、皋陶、伯益。 ②武王:周武王,名发,他率领诸侯讨伐无道暴虐的商纣王,建立了周王朝的统治。 ③乱臣十人:一般认为,此处的"乱"是治理的意思。十人,指周公旦、召公、太公望、毕公、荣公、太颠、闳夭、散宜生、南宫适及武王的母亲太姒(下文的"有妇人焉"即指太姒)。他们都为兴周灭商作出了重大的贡献。④唐虞:唐指陶唐氏,尧出于该族;虞指有虞氏,舜出于该族。 ⑤三分天下有其二:相传上古时代天下分九州,周族在灭商前已得到了其中六州诸侯的拥护。其实,不妨将它看作约数。

【译文】

舜有五位贤臣而天下大治。武王说:"我有十个治国的臣属。"

孔子说:"人才难得,不是吗?尧、舜以来,武王时人才最多,其中还有一位妇女,此外不过九人而已。他据有了天下的三分之二,仍然事奉殷商。周代的德行,可说是最高的德行了。"

【段意】

此章是说,治理天下以得人才为最重要。孔子认为,周代的德行之所以能达到"最高",与"武王时人才最多"有很大的关系。

8.21 子曰:"禹,吾无间然矣①。菲饮食而致孝乎鬼神,恶衣服而致美乎黻冕②,卑宫室而尽力乎沟洫③。禹,吾无间然矣。"

【注释】

①间:朱熹《集注》云:"间,隙也,谓指其隙而非议之也。" ②黻冕(fú miǎn 服免):祭祀时所穿戴的礼服和冠帽。 ③卑:此作动词用,意为把宫室建造得很低矮简陋。

【译文】

孔子说:“对于禹,我无可指责。饮食菲薄而对祭祀极其虔诚,衣着粗恶而使礼服极其华丽,居室简陋而尽力量开挖沟渠。对于禹,我无可指责。”

【段意】

此章是赞颂大禹的美德。

子 罕 第 九

9.1　子罕言利与命与仁。

【译文】

孔子很少谈论利、命运和仁。

【段意】

利有害于义,命运是上天所注定,仁德深远。孔子认为这三者都是常人很难把握的东西,所以很少谈论。此章与本书《公冶长》篇夫子之言性与天道章涵义相同。

9.2　达巷党人曰[1]:“大哉孔子!博学而无所成名。”子闻之,谓门弟子曰:“吾何执?执御乎?执射乎?吾执御矣。”

【注释】

①达巷:村庄的名称,今地不详。一说,在今山东滋阳西北。

【译文】

有个居住在达巷的人说:“孔子伟大啊!学问渊博却不成为著名的专家。”孔子听到后,对门徒们说:“我掌握了什么呢?掌握了驾车吗?掌握了射箭吗?我掌握了驾车啊!”

【段意】

达巷人敬佩孔子,但不完全了解孔子。孔子的志向不是要成为某一方面的专门家(见本书《为政》篇君子不器章),所以他说,自己在“六艺”中只掌握了最易学的驾车。

9.3　子曰:“麻冕[1],礼也;今也纯[2],俭[3],吾从众。拜下[4],礼也;今拜乎上,泰也,虽违众,吾从下。”

【注释】

①麻冕：用麻布制作的礼冠。 ②纯：丝帛。一说是指黄黑色的丝织品。 ③俭：制作礼冠的麻布是精细的苎麻布，织造非常费工。相对来说，丝帛就比它省工多了。 ④拜下：朱熹《集注》云："臣与君行礼，当拜于堂下。君辞之，乃升成拜。"后文的"拜乎上"，是指省去堂下跪拜的仪节而直接到堂上行礼。

【译文】

孔子说："麻布的冠冕是合乎礼的，现今用丝帛，比麻布俭省，我依从多数。在堂下跪拜是合乎礼的，现今在堂上跪拜，较为倨傲，即使违背多数，我依从在堂下跪拜。"

【段意】

此章是说礼仪问题上"从众"的准则。宋代理学家程颐进一步阐发说："君子处世，事之无害于义者，从俗可也；害于义，则不可从也。"

9.4 子绝四：毋意、毋必、毋固、毋我。

【译文】

孔子戒绝四项事情：不任意、不专断、不固执、不自大。

【段意】

这是孔子在修身方面的自律。朱熹认为，这四项事情又有关联，前者是后者的起因，后者是前者的发展，自大反过来加剧任意性(《集注》)。这些都不合乎中庸之道，所以孔子要戒绝它们。

9.5 子畏于匡[①]，曰："文王既没[②]，文不在兹乎？天之将丧斯文也，后死者不得与于斯文也；天之未丧斯文也，匡人其如予何？"

【注释】

①畏：通"隈"，曲折。一说，此处的畏是有戒备之心的意思。匡：在今河南睢县西。 ②文王：周文王，名昌，周王朝的开国君主。

【译文】

孔子在匡邑遇险，说："周文王逝世以后，礼乐典制不在我这里吗？上天将要使它们沦丧，我这后死的人就不会掌握它们了；上天若不使它们沦丧，匡人能把我怎么样呢？"

【段意】

鲁定公十五年(前495)，孔子由卫国前往陈国途中经过匡邑，受到匡人的误解而被围困,弟子们很着急,孔子就说了以上这番话。它体现了孔子临难不惧的态度。

9.6 太宰问于子贡曰[1]:"夫子圣者与,何其多能也?"子贡曰:"固天纵之将圣[2],又多能也。"

子闻之,曰:"太宰知我乎?吾少也贱,故多能鄙事。君子多乎哉?不多也。"

【注释】

①太宰:相当于后代的宰相。一说,此处的太宰是指吴国的伯嚭,鲁哀公七年(公元前488年)子贡曾作为鲁国的使节出使吴国。 ②纵:朱熹《集注》云:"纵犹肆也,言不为限量也。"

【译文】

太宰问子贡说:"夫子是圣人吧,为什么这样多才多艺呢?"子贡说:"这本是上天使他成为圣人,又使他多才多艺。"

孔子听到后说:"太宰了解我吗?我小时候贫贱,所以学会了不少平常的技艺。君子须要这样多的技能吗?是不要这样多的。"

【段意】

此章与本篇达巷人称赞孔子章的基本涵义相同。孔子认为,君子的最高追求是仁,不是某一方面的专门家,所以他说君子是不要那样多技能的。从这一章中可以窥见子贡与孔子的思想差距,孔子说太宰不了解他,其实也是间接地说子贡不完全了解他。

9.7 牢曰[1]:"子云:'吾不试[2],故艺。'"

【注释】

①牢:据《家语》说,他是孔子的弟子琴张,名牢,字子开,亦字子张。 ②试:朱熹《集注》云:"试,用也。言由不为世用,故得以习于艺而通之。"

【译文】

子牢说:"孔子说:'我不被取用,所以学会了技艺。'"

【段意】

这一章也是说明孔子为什么"多艺"的缘故,用意与上一章相同。

9.8 子曰:"吾有知乎哉?无知也。有鄙夫问于我[1],空空如也，我叩其两端而竭焉②。"

【注释】

①鄙夫：鄙指城郊。一说指鄙陋浅薄之人。　②空空：一无所知。一说，通"悾"，指鄙夫的态度诚恳。　③两端：朱熹《集注》云："两端犹言两头，言终始、本末、上下、精粗，无所不尽。"

【译文】

孔子说："我有知识吗？没有知识。有个乡下人问我，我一无所知，于是就正反终始两端推究，尽我所能回答。"

【段意】

此章所记是孔子教诲他人的态度。孔子虽然主张"中人以下不可语上"，却不是不与"中人以下"者交谈，更不是对这些人不教诲。"不可语上"只是教育内容问题，除此以外，孔子还是坦诚相待的。此外，孔子"叩其两端"的求知态度也很值得注意，叩两端的目的就在于求其中、得其度。

9.9　子曰："凤鸟不至①，河不出图②，吾已矣夫！"

【注释】

①凤鸟：凤凰，传说中的神鸟，古人认为它的出现是天下太平的象征。　②河不出图：相传在伏羲时，黄河中出现背负符图的龙马。后来一般将它作为圣王承受天命的象征。

【译文】

孔子说："凤凰不到来，河图不出现，我没有指望了！"

【段意】

此章与本书《述而》篇不复梦见周公章的意思相同。凤凰到来、河图出现，都是古人所谓天下太平的"祥瑞"（即好兆头），这些现象既然不出现，孔子要实施大道也就没指望了。

9.10　子见齐衰者①、冕衣裳者与瞽者②，见之，虽少必作③，过之必趋④。

【注释】

①齐衰（zī cuī 姿崔）：一种丧服。衰指粗麻布，齐指下边缝齐。一般为关系比较亲近的死者穿着。此处泛指丧服。　②冕衣裳：古代将上衣称为衣，下衣称为裳。冕是礼冠，可见这里的"衣裳"是指礼服。　③作：站起身来。　④趋：快步走。

【译文】

孔子看到服丧的人、穿礼服的人和盲人,所见者尽管是年轻人也必定站起身来,经过他们身边时必定走快步。

【段意】

孔子对这三种人特别敬礼,体现了他哀怜服丧者、尊重爵位(这是礼仪制度的象征),以及矜恤残废人的态度。

9.11　颜渊喟然叹曰①:“仰之弥高,钻之弥坚,瞻之在前②,忽焉在后③。夫子循循然善诱人,博我以文,约我以礼。欲罢不能,既竭吾才,如有所立卓尔④,虽欲从之,末由也已。”

【注释】

①喟然:叹息的样子。　②瞻:仰脸观望。　③忽焉在后:形容孔子的学问高深,不易把握。　④卓:朱熹《集注》云:“卓,立貌。”

【译文】

颜回感叹地说:“仰望它更觉崇高,钻研它更觉坚厚,观望时在前面,忽然又到后面去了。夫子有步骤地善于引导他人,用典制来丰富我,用礼仪来约束我。我欲罢不能,已经竭尽了我的才力,大道似乎卓然在前,即使想随从它,却不知从何入手。”

【段意】

这章是颜回对孔子的赞美。从“用典制来丰富我,用礼仪来约束我”,可窥见孔子的教育方式。用典制来丰富,是使学生通达古今之变;用礼仪来约束,是使学生懂得取舍行止。

9.12　子疾病,子路使门人为臣①。病间,曰:“久矣哉,由之行诈也!无臣而为有臣,吾谁欺?欺天乎?且予与其死于臣之手也,无宁死于二三子之手乎?且予纵不得大葬②,予死于道路乎?”

【注释】

①臣:指卿大夫丧事中负责治丧的人员。按规定,即使以前担任过大夫,但在死时已去职,只能按士人的等级来办理。孔子就属这种情况。　②大葬:朱熹《集注》云:“谓君臣礼葬。”

【译文】

孔子患了重病,子路让门徒们担任家臣预备后事。孔子病情好转,说:“太过分了,由这样弄虚作假的!没有家臣却装作有家臣,我欺骗谁呢?欺骗上天吗?我与其死在这种家臣之手,还不如死在你们这些后生之手吗?我即使不能隆重安葬,我会死在道路上吗?”

【段意】

此章记载了孔子实事求是的人生态度。家臣,在当时是为卿大夫治丧才能有的下属,孔子曾经担任过大夫之职,门徒们出于敬意,也为了使丧礼风光些,所以为孔子私下设置了家臣。孔子知道后非常不满,他批评子路的话是极为激烈的。

9.13 子贡曰:“有美玉于斯,韫椟而藏诸①,求善贾而沽诸②?”子曰:“沽之哉!沽之哉!我待贾者也。”

【注释】

①韫(yùn 运):收藏。椟:柜子。 ②贾:商人。古代称流动的商贩为商,开店的商贩为贾。一说,“贾”同“价”,指价钱。

【译文】

子贡说:“这儿有块美玉,是把它放在柜子里藏起来呢,还是找个好买主卖掉它呢?”孔子说:“卖掉它!卖掉它!我在等待买主。”

【段意】

孔子曾经说过“举用就实行,舍弃就藏匿”的话(见本书《述而》篇),与本章所说是一个意思。子贡的用意是询问孔子对出仕的态度,孔子确实很想做官,目的是为了推行自己的主张。但他又不是毫无原则地去求官(这一点在本书的许多章节中都有反映),所以要等待“好买主”。

9.14 子欲居九夷①。或曰:“陋,如之何?”子曰:“君子居之,何陋之有!”

【注释】

①九夷:古代称东方的少数民族为夷,九是形容数量之多。一说,此处的九夷是指淮夷,他们原居住在鲁国的境内,后迁居到北与齐、鲁接壤的淮水、泗水流域。

【译文】

孔子想住到夷人地区去。有人问道:“那儿粗陋,怎么行呢?”孔子说:“君子住在那儿,有什么粗陋的呢!”

【段意】

孔子要移居夷人地区,与“道不行,乘桴浮于海”(见本书《公冶长》篇)是同样的意思。孔子坚信,君子所在之处,定能以大道影响民众,夷人地区虽然粗陋,君子去了就会改观。题名为唐代刘禹锡的《陋室铭》,就是以孔子的这个观点来立论的。

9.15 子曰:"吾自卫反鲁,然后乐正,《雅》、《颂》各得其所[①]。"

【注释】

①《雅》、《颂》:分别指《诗经》中的两类诗歌,《雅》是在宫廷典礼上奏唱的乐曲,《颂》是在祭祀时奏唱的乐曲。

【译文】

孔子说:"我从卫国回到鲁国,才订正了乐章,使《雅》、《颂》各得其所。"

【段意】

鲁哀公十一年(前484),孔子回到鲁国,首先厘正了《雅》、《颂》之诗错乱而不合于乐的状况。这段记载要说明两个问题,其一,鲁国虽然保存周礼最多,在那时也不完备了;其二,乐是儒家治理国家的一种重要的手段(参见本书《阳货》篇孔子过武城章)。

9.16 子曰:"出则事公卿,入则事父兄,丧事不敢不勉,不为酒困,何有于我哉[①]?"

【注释】

①何有于我哉:哪一件我做到了呢?一说此句意为"这些事对我有什么困难呢",是说这些都是最起码的事。

【译文】

孔子说:"出仕事奉公卿,在家事奉父兄,有丧事不敢不尽力,不因为酒而误事,哪一件我做到了呢?"

【段意】

此章亦为孔子的自谦,是说自己在孝悌忠敬方面都没有做到尽善尽美的境地。

9.17 子在川上,曰:"逝者如斯夫!不舍昼夜。"

【译文】

孔子在河边,说:"逝去的就像它那样啊!日夜不停。"

【段意】

孔子感叹时光的流逝,往者不可复追(《说苑·杂言》中有一章对此作了进一步的阐述,可参看)。毛泽东在1956年所作的《水调歌头·游泳》中也引用了孔子的这段话来形容新时代翻天覆地的变化。

9.18 子曰:“吾未见好德如好色者也。”

【译文】

孔子说:“我从未见到喜好德行如同喜好美色的人。”

【段意】

孔子感叹当时社会道德观念的淡薄。喜好美色是人之常情,“食色性也”。孔子认为,大道就如同“食色”那样须臾不可离(参见《中庸》),故而有如此感叹。

9.19 子曰:“譬如为山,未成一篑①,止,吾止也;譬如平地,虽覆一篑,进,吾往也。”

【注释】

①篑(kuì 溃):盛土的竹器。

【译文】

孔子说:“以堆土山作比,差一筐土就完成,却停下来了,那是我自己半途而废;以平整土地作比,即使只倒下一筐土,却在进行,那是我自己在不断前进。”

【段意】

孔子劝勉人们不要为已取得的成绩所羁绊,目的未达,不能停步。学习、修身都是一个积累的过程,即使已往的成绩再大,半途而废就会前功尽弃。这以下的几章,都是说学习不能浅尝辄止的道理。

9.20 子曰:“语之而不惰者,其回也与!”

【译文】

孔子说:“与之讲述而不懈怠的,大概就是颜回吧!”

【段意】

此章是对颜回的赞誉,与《为政》篇吾与回言终日章涵义相同。

9.21 子谓颜渊,曰:“惜乎!吾见其进也,未见其止也。”

【译文】

孔子谈到颜回,说:“可惜啊!我只见到他前进,从未见到他止步。”

【段意】

这章是颜回死后孔子的叹息，也是说为学不能止步的意思。

9.22　子曰："苗而不秀者有矣夫①，秀而不实者有矣夫。"

【注释】

①秀：禾苗扬花。

【译文】

孔子说："庄稼发芽而不扬花的是有的，扬花而不结实的也是有的。"

【段意】

所谓"发芽而不扬花"、"扬花而不结实"，都是指半途而废。

9.23　子曰："后生可畏，焉知来者之不如今也？四十、五十而无闻焉，斯亦不足畏也已。"

【译文】

孔子说："后生可畏，怎么知道将来不如现在呢？四十、五十没有名声，也就不足惧了。"

【段意】

孔子相信后来者能够超过自己，但必须在年少时就进行不懈的努力，到了四、五十岁还一事无成，也就不足惧了。

9.24　子曰："法语之言①，能无从乎？改之为贵。巽与之言②，能无说乎？绎之为贵③。说而不绎，从而不改，吾末如之何也已矣。"

【注释】

①法语：正言规劝。　②巽与：谦恭顺从。　③绎：仔细体察。

【译文】

孔子说："严肃的规劝之语，能不听从吗？改正过错才是可贵。谦恭顺从的话语，能不高兴吗？仔细思索才是可贵。高兴而不思索，听从而不改正，我就不知拿他怎么办了。"

【段意】

孔子认为，向善之心是重要的，但更重要的是落实到行动上去，否则，即使是圣人也无可奈何。

9.25　子曰:“主忠信,毋友不如己者,过则勿惮改。”

【译文】

孔子说:“以忠诚守信为主,不要与不如自己的人交往,有了过错就不要怕改正。”

【段意】

此章与本书《学而》篇君子不重则不威章重复。

9.26　子曰:“三军可夺帅也,匹夫不可夺志也。”

【译文】

孔子说:“三军能被夺去主帅,普通百姓却不能迫使他改变志向。”

【段意】

此章是说志向的坚定性,后来有人进一步引申说,“如可夺,则亦不足谓之志矣”。孔子很重视立志,他曾把自己的成就归之于年轻时就“有志于学”(见本书《为政》篇),强调为学要“志于道”(见本书《述而》篇),并常常询问自己学生的志向(例如本书《公冶长》篇颜回子路言志章)。

9.27　子曰:“衣敝缊袍①,与衣狐貉者立而不耻者②,其由也与!‘不忮不求,何用不臧③?’”子路终身诵之④,子曰:“是道也,何足以臧?”

【注释】

①缊(yùn 运)袍:乱麻、旧絮。　②貉:今称狸,一种珍贵的毛皮动物。③不忮不求,何用不臧:语出《诗·邶风·雄雉》篇。忮(zhì 志),嫉妒。臧,朱熹《集注》云:“善也。”　④终身:刘宝楠《正义》云:“言常诵之将终身也。”

【译文】

孔子说:“穿着破旧的衣袍,和穿着狐皮裘衣的人站在一起而不感到羞耻的人,大概只有由了吧!《诗·邶风·雄雉》说:‘不妒忌、不贪求,为什么不好呢?’”子路老是吟诵它们,孔子说:“这个样子,怎么好得起来呢?”

【段意】

这章是孔子赞誉子路。在当时,狐皮裘衣是贵族才有资格穿的服装,子路与他们站在一起不感到羞耻,说明他不因为贫贱而自卑,因而孔子要称赞他。孔子引用的《诗》也很有意思,据说子路尚勇武,喜欢戴雉(即野鸡)毛(《史记·仲尼弟子列传》),孔子用《雄雉》篇中的诗句来勉励子路,恐怕是不无深意的。子路听到孔子的赞扬后，颇为自得，经常把这句话挂在嘴边，孔子又提醒他不要自满。

9.28 子曰："岁寒，然后知松柏之后凋也。"

【译文】

孔子说："天气寒冷了，才知道松柏是最后凋零的。"

【段意】

在此，孔子用松柏来比喻君子的节操卓异于常人。孔子的这一比喻非常著名，后人在此基础上形成了"岁寒三友"（松、竹、梅），是艺术方面最常见的传统题材。

9.29 子曰："知者不惑，仁者不忧，勇者不惧。"

【译文】

孔子说："明智者不疑惑，仁者不忧愁，勇敢者不畏惧。"

【段意】

知、仁、勇是儒家所主张的道德范畴，孔子在此论述了具备这三种德行者的秉性。

9.30 子曰："可与共学，未可与适道①；可与适道，未可与立②；可与立，未可与权③。"

【注释】

①适：前往、到达。 ②立：坚守不移。 ③权：权变。

【译文】

孔子说："能与之共同学习的，不一定能与之抵达大道；能与之抵达大道的，不一定能与之坚守不移；能与之坚守不移的，不一定能与之通权达变。"

【段意】

此章是说为学的不同层次和境界。孔子认为，最高的境界是在坚持大道基础上的通权达变，用现在的话来说，就是灵活运用、创造性地发展。后世一些拘谨的学者往往不大肯承认儒家讲权变，这是个误解，其实，在孔、孟的言论中，有许多是涉及权变的。

9.31 "唐棣之华①，偏其反而②。岂不尔思？室是远而③。"子曰："未之思也，夫何远之有？"

【注释】

①唐棣:蔷薇科栽培植物,古人对它有两种说法,一说是郁李,一说即扶移,与白杨是同类。华:同"花"。　②偏其反而:形容花摆动的样子。　③室:此作动词用,意为居住。

【译文】

"唐棣树的花,翩翩地摆动;难道不思念吗?因为住得遥远。"孔子说:"是未曾去思念啊,这有什么遥远的呢?"

【段意】

本章原来与上一章联在一起,引起许多误解,宋代理学家程颐认为应该分为两章,此处即沿用了他的说法。章首所引的诗句不见于传本《诗》,是逸《诗》。此章的意思,与本书《述而》篇"仁远乎哉"章相同。

乡党第十

10.1　孔子于乡党，恂恂如也①，似不能言者；其在宗庙、朝廷，便便言②，唯谨尔。

【注释】

①恂恂（xún 旬）：恭顺温和。　②便：旧说通“辩”。

【译文】

孔子在乡里很恭顺，好像是个不会说话的人；在宗庙、朝堂则明白流畅地言谈，只是谨慎罢了。

【段意】

本篇全都是孔子日常容貌举止的记载，如前所述，这也是了解孔子思想观念的重要材料。此篇注疏本分为二十章，朱熹《论语集注》分为十八章，此处从朱熹。此章是说孔子在不同场合的言谈态度。在乡里恭顺是尊重长者，在宗庙、朝堂态度不同是因为关系政务、礼法，所以“当仁不让”（见本书《卫灵公》篇）。虽然是非必须分明，但态度的谨慎还是可以做到的。

10.2　朝①，与下大夫言②，侃侃如也③；与上大夫言，訚訚如也④。君在，踧踖如也⑤，与与如也⑥。

【注释】

①朝：刘宝楠《正义》云：“据下文，‘君在’为视朝，则此‘朝’是君未视朝时也。”　②下大夫：官名。据《周礼》记载，当时的官员分卿、大夫、士三等，每等各分上、中、下三级。孔子在鲁国担任过司空、司寇，属下大夫，因此，此处的“下大夫”是指与孔子同级的官员。　③侃侃：和乐貌。又，朱熹《集注》引《说文》云：“刚直也。”　④訚訚（yín 银）：朱熹《集注》引《说文》云：“和悦而诤。”一说，通“言”，是和敬的意思。　⑤踧踖（cù jí 促及）：恭敬而不安的样子。　⑥与与：朱熹《集注》云：“威仪中适之貌。”

【译文】

上朝时,与下大夫交谈,安详从容;与上大夫交谈,温和正直。国君临朝,恭敬小心,仪态得体。

【段意】

此章记载了孔子在朝堂上对待不同身份者的态度。

10.3 君召使摈①,色勃如也②,足躩如也③。揖所与立④,左右手⑤,衣前后襜如也⑥。趋进,翼如也⑦。宾退,必复命曰:"宾不顾矣。"

【注释】

①摈:陪同国君接见。当时称主要的陪同者为摈,次要的陪同者为介。②勃如:郑玄云:"勃,矜庄貌也。"一说,是精神饱满的样子。 ③躩(jué 决):行路恭敬肃穆的样子。 ④所与立:朱熹《集注》云:"谓同为摈者也。" ⑤左右手:朱熹《集注》云:"揖左人则左其手,揖右人则右其手。" ⑥襜(chān 掺):整齐的样子。 ⑦翼如:朱熹《集注》云:"疾趋而进,张拱端好,如鸟舒翼。"一说,翼如是指恭敬端正,意为孔子即使在快步行走时也不失仪态。

【译文】

被国君召去接待贵宾,神色立即庄重起来,毫不懈怠地按礼仪走步。向同站在一起的人作揖时,分别向左右拱手,衣服前后整齐。快步前进时,如同鸟儿展翅。贵宾告退,必定回报国君说:"宾客不再回头看了。"

【段意】

此章记载了孔子为国君接待贵宾时的仪态。

10.4 入公门,鞠躬如也,如不容。

立不中门①,行不履阈②。

过位,色勃如也,足躩如也,其言似不足者。

摄齐升堂③,鞠躬如也,屏气似不息者。

出,降一等,逞颜色,怡怡如也;没阶,趋进,翼如也;复其位,踧踖如也。

【注释】

①中门:挡在门中间。 ②阈(yù 豫):门槛。 ③摄齐:提起衣服的下摆。

【译文】

进入朝堂的大门时,像鞠躬似地弯下身来,如同不能容身一样。

站立不挡在门中间,行走不踩着门槛。

经过国君座位时,神色立即庄重起来,毫不懈怠地按礼仪走步,说话像是气力不足似的。

提起衣襟走上朝堂时,像鞠躬似地弯下身来,屏住气像是停止呼吸似的。

退下时,走下一级台阶,放松了神态,和颜悦色;走完了台阶,快步前进,如同鸟儿展翅一般;回到自己的位置,依然恭敬小心。

【段意】

此章记载了孔子在朝堂上的仪容,种种仪态都贯穿着恭敬。儒家认为,臣仆事奉国君,以敬为根本。

10.5 执圭①,鞠躬如也,如不胜②。上如揖,下如授。勃如战色,足蹜蹜如有循③。

享礼④,有容色⑤。

私觌⑥,愉愉如也。

【注释】

①圭:玉圭,其形状上锐下方,是大臣代表国君出使时所执的信物。 ②不胜:承受不了,朱熹《集注》云:"执主器,执轻如不克,敬谨之至也。" ③蹜蹜(sù 粟):脚步小而急。 ④享礼:使臣出使他国的礼仪之一。按礼仪规定,使臣到达后,首先行聘问礼,转达国君的问候,此章"执圭"一节就是说聘问时的仪态。其次是享献礼,即将带来的礼物一一献给对方的国君。 ⑤有容色:从容舒缓。 ⑥私觌(dí 敌):正规礼节完成后,以私人身份拜见对方的君臣。

【译文】

手执玉圭时,像鞠躬似地弯下身来,如同拿不动一样。上举时如同作揖,回下时如同授物。立即显出谨慎小心的神色,脚步急促,似乎沿着什么行走一样。

献礼物时,仪容和悦。

以私人身份拜见时,轻松愉快。

【段意】

这一章所记载的是孔子出使时的仪容。据记载,孔子在鲁国任职期间从未出使过,所以有的学者认为,这只是孔子"尝言其礼当如此尔"。

10.6 君子不以绀緅饰[1],红紫不以为亵服[2]。

当暑袗絺绤[3],必表而出之。

缁衣羔裘[4],素衣麑裘,黄衣狐裘。

亵裘长[5],短右袂[6]。

必有寝衣[7],长一身有半。

狐貉之厚以居。

去丧,无所不佩。

非帷裳[8],必杀之[9]。

羔裘玄冠不以吊。

吉月[10],必朝服而朝。

【注释】

①绀(gàn 赣):青中透红的颜色。緅(zōu 邹):黑红色。饰:衣服的镶边,此作动词用。 ②红:绯色。亵(xiè 谢)服:非正规场合所穿的便服。 ③袗(zhěn 枕):单衣,此作动词用,意为单穿。絺(chī 吃):细葛布。绤(xì 细):粗葛布。 ④缁(zī 资):黑色。羔裘:黑羊皮裘。按,古代穿皮衣,其毛皮向外,所以外面必须穿罩衣,即这里所说的缁衣、素衣、黄衣。孔子的意思是说,罩衣的颜色必须与皮裘的色泽相配。 ⑤亵裘长:朱熹《集注》云:"长,欲其温。" ⑥袂(mèi 妹):袖子。朱熹《集注》云:"短右袂,所以便作事。" ⑦寝衣:睡觉所用的小被。一说,寝衣是睡衣,朱熹《集注》云:"不可解衣而寝,又不可着明衣而寝,故别有寝衣。"有人认为,"必有寝衣,长一身有半"当在下章"齐,必有明衣,布"之下,都是讲斋戒的守则。 ⑧帷裳:用整幅布所做的礼服。 ⑨杀:裁去。⑩吉月,指初一(朔),一般这一天必须举行朝会。又,程德树《论语集释》认为是指大年初一。

【译文】

君子不用天青色、黑红色镶边,绯色、紫色的布料不用来做便服。

夏天穿着粗、细葛布单衫时,必须套上外衣才外出。

黑衣配黑羊皮裘,白衣配白鹿皮裘,黄衣配黄狐皮裘。

在家穿的皮裘较长,但缩短右袖。

必须备有睡觉的小被,相当一个半体长。

用狐、貉的厚毛皮做居家的便服。

守丧结束,什么东西都能佩带。

不是作为礼服的裳,必须裁短一些。

黑羊皮裘、红黑色的冠不穿戴着去吊丧。

每逢朔日,必定穿戴朝服去朝拜。

【段意】

此章记载了孔子穿衣服的规矩。这些规矩虽然很琐碎,但体现了孔子顾及礼仪的详密考虑,很值得玩味。例如,天青色是斋服的颜色,黑红色是丧服的镶边,所以不能用来做常服;绯色、紫色不是正色(古代以纯色为正色,杂色为间色),而且是女子服装的常用色,所以不能用来做便服。又例如,粗、细葛布的单衫比较"透",作为家居的便服无伤大雅,但外出就显得不庄重,所以必须套上外衣。

10.7 齐①,必有明衣②,布③。

齐必变食④,居必迁坐。

【注释】

①齐:同"斋"。 ②明衣:沐浴后所穿的衣服。 ③布:当时还没有绵布,所谓的"布"是指麻布或葛布。 ④变食:改变平常的饮食习惯,不饮酒、不吃荤(有浓烈气味的蔬菜,如葱、韭、蒜等)、不食肉等等。

【译文】

斋戒必定备有沐浴后穿的明衣,是布的。

斋戒时,必须改变往常的饮食,居处必须改换往常的寝室。

【段意】

此章记载孔子斋戒时的行为。斋戒是祭祀前洁净身心的仪式,孔子的作为体现了虔诚的态度。

10.8 食不厌精①,脍不厌细②。

食饐而餲③、鱼馁而肉败④,不食;色恶,不食;臭恶⑤,不食;失饪,不食;不时⑥,不食;割不正⑦,不食;不得其酱⑧,不食。

肉虽多,不使胜食气⑨。

惟酒无量,不及乱。

沽酒市脯不食。

不撤姜食,不多食⑩。

祭于公,不宿肉⑪。祭肉不出三日⑫,出三日不食之矣。

食不语,寝不言。

虽蔬食菜羹,瓜祭⑬,必齐如也⑭。

【注释】

①食不厌精：精是指米舂得很精细。朱熹《集注》谓“食精则能养人”，“不厌，言以是为善，非为必欲如此也。” ②脍(kuài快)：切细生食的鱼、肉。 ③食饐(yì艺)而餲(ài爱)：食物放久了腐败变味。 ④馁(něi)：特指鱼腐败。肉腐败称“败”。 ⑤臭(xiù嗅)：气味。 ⑥不时：不合时令，朱熹《集注》云：“不时，五谷不成、果实未熟之类。”又，郑玄认为“不时”是指不正当吃饭的时候。 ⑦割不正：刘宝楠《正义》引江永说云：“凡切割皆当有法，肉体亦有不能尽割以正者，圣人惟食其正者耳。” ⑧不得其酱：酱是古时候食肉用以佐餐的酱料。 ⑨气：通“饩”，食气指饭食。 ⑩不多食：这一句有几种不同的说法，一说是不多吃姜，因姜虽能去腥味，但多吃也无益；一说是不多吃肉；一说是不吃得过饱，“适可而止，无贪心也”(朱熹《集注》)。 ⑪不宿肉：这里所说的“肉”是指参加官府祭祀分得的祭肉(古称胙肉)，朱熹《集注》云：“助祭于公，所得胙肉归即颁赐，不俟经宿者，不留神惠也。” ⑫祭肉：指自己家祭用过的祭肉。不出三日：朱熹《集注》云：“盖过三日则肉必败，而人不食之，是亵鬼神之余也。” ⑬瓜祭：指吃饭时取出少许放在一边，向先祖致祭，以表示不忘本。 ⑭齐如：犹言“斋如”，像斋戒那样虔诚。又，朱熹《集注》云：“齐如，严敬貌。”

【译文】

食物不嫌做得精，生脍不嫌切得细。

食物放久变味，鱼臭肉烂，不食用；颜色难看，不食用；气味难闻，不食用；烹调不当，不食用；不合时令，不食用；切割不方正，不食用；没有该用的酱，不食用。

肉即使很多，食用时不使它超过饭食。

唯有酒不限量，但不喝到醉。

打来的酒、买来的熟干肉，不食用。

进食时不去除姜，但不多吃。

参加官府祭祀，分得的祭肉不留过夜。祭祀用过的肉存放不超过三天，超过三天就不食用了。

进食时不交谈，睡觉时不说话。

即使是糙米饭、蔬菜羹，也必须在饭前向先祖献祭，必定像斋戒那样虔诚。

【段意】

此章记载了孔子在饮食方面的规矩。孔子在这方面的行为有多种考虑，例如，不食用变质的食物是出于卫生；饭前献祭是出于礼仪；酒肉不过量则是中庸在饮食问题上的体现，等等。

10.9 席不正[①],不坐。

【注释】

①席:古人席地而坐,故此处的"席"指座席。

【译文】

座席不端正,就不坐。

【段意】

君子行正道,所以,座席不端正就不坐。由此可见,连座席这样的小事,君子都不马虎,更不用说其他的事情了。

10.10 乡人饮酒,杖者出,斯出矣。

乡人傩[①],朝服而立于阼阶[②]。

【注释】

①傩(nuó 挪):古代一种驱鬼迎神的仪式,现在我国南方某些少数民族中保留的傩戏就是由这种仪式演变而来的。 ②阼(zuò 坐)阶:东面的台阶,这里一般是主人所站的位置。

【译文】

与乡里人饮酒,拄杖的老人退出后,才退出来。乡里迎神驱鬼时,穿着朝服站在东面的台阶上。

【段意】

此章记载孔子在乡里的行为。乡饮酒是当时乡里的一项礼仪活动,由乡里的长者主持,所以,老人"未出不敢先,既出不敢后"(见朱熹《集注》)。孔子在迎神驱鬼时穿着朝服站在台阶上,是表示对鬼神的敬礼(孔子曾说过,"敬鬼神而远之,可谓知矣",见本书《雍也》篇)。

10.11 问人于他邦,再拜而送之。

康子馈药,拜而受之。曰:"丘未达[①],不敢尝。"

【注释】

①达:明白、了解。

【译文】

托人向他国人士问候,再次拜谢后送别。

季康子馈赠药物,拜谢后接受,说:"我不了解,不敢尝。"

【段意】

此章是记载孔子与人交往时的态度，体现了敬和诚。例如季康子馈赠药物这一节，有人阐发说，“大夫有赐，拜而受之，礼也；未达不敢尝，谨疾也；必告之，直也”（朱熹《集注》引杨氏说）。

10.12 厩焚，子退朝，曰：“伤人乎？”不问马。

【译文】

马厩失火，孔子退朝回来，说：“伤了人吗？”不询问马的情况。

【段意】

此章体现了孔子“贵人贱畜”的态度，也是理当如此。朱熹说，孔子“非不爱马，然恐伤人之意多，故未暇问”（见《集注》）。

10.13 君赐食①，必正席先尝之；君赐腥②，必熟而荐之③；君赐生④，必畜之⑤。

侍食于君，君祭，先饭。

疾，君视之，东首，加朝服，拖绅⑥。

君命召，不俟驾行矣。

【注释】

①食：对照下文“腥”、“生”来看，此处的“食”是指熟食。 ②腥：生的鱼肉。 ③荐：在祖先神位前上供。刘宝楠《正义》云：“凡祭，进熟食曰荐。” ④生：通“牲”，活物。 ⑤畜之：朱熹《集注》云：“畜之者，仁君之惠，无故不敢杀也。” ⑥绅：束于礼服外的大带。

【译文】

国君赐给食物，必定端正了座席先尝一点；国君赐给生肉，必定煮熟了才上供；国君赐给活物，必定畜养起来。

陪同国君进食，国君在饭前向先祖献祭，就先吃饭。

患了重病，国君来探望，就头朝东，加盖朝服，放上绅带。

国君有命令召见，不等车辆驾好就动身。

【段意】

此章是记载孔子事奉国君的行为，其中贯穿了恭敬的态度。例如，国君进食，应该由侍者先尝食，孔子陪同国君进食，乘国君饭前献祭时先吃饭，如同是在为国君尝食，表示对国君礼待的谦让。又如在国君探望时头朝东（古时候，病者睡在靠北面的窗下,国君来时临时搬到南窗下,所以头朝东。这是为了使国君能像上朝那样背北向南对着自己)、加盖朝服,表示仍然以君臣的礼节相见。

10.14 入太庙,每事问。

【译文】

进了太庙,每件事情都询问。

【段意】

此章与本书《八佾》篇子入太庙章重出。

10.15 朋友死,无所归①,曰:"于我殡。"

朋友之馈,虽车马,非祭肉,不拜。

【注释】

①无所归:指没有亲人来为他安葬。

【译文】

朋友去世,没有人来安葬,就说:"让我来办理丧事吧。"

朋友的馈赠,即使是车辆马匹,只要不是祭肉就不拜谢。

【段意】

此章是记载孔子对朋友的态度。为没有亲人的朋友办理丧事,是重视朋友的情分;对于朋友的馈赠不加拜谢,是因为"朋友有通财之义"(朱熹《集注》),而唯独拜谢祭肉,是像自己的亲人那样敬重朋友的先祖。

10.16 寝不尸①,居不客②。

见齐衰者,虽狎③,必变。见冕者与瞽者,虽亵,必以貌。

凶服者式之④,式负版者⑤。

有盛馔,必变色而作⑥。

迅雷风烈,必变。

【注释】

①尸:朱熹《集注》云:"谓偃卧似死人也。"偃卧就是摊开手脚仰睡。古人认为,睡觉应微曲侧卧。 ②客:有的本子作"容",指庄严的仪容。朱熹《集注》云:"居不容,非惰也,但不若奉祭祀,见宾客而已,申申夭夭是也。" ③狎(xiá 狭):亲近。下文的"亵"与此意同。 ④凶服:丧服。古称丧礼为凶礼。式:同"轼",古代车前的横木。此作动词用,意为将手放在轼上,朱熹《集注》云:"有所

敬则俯而凭之。" ⑤负版者:为官府传送文书的差役。一说,是指送讣告的人。⑥必变色而作:朱熹《集注》云:"敬主人之礼,非以其馔也。"

【译文】

睡觉不像死尸那样僵卧,家居不像做客那样端坐。

见到服丧的人,即使是亲近者,也必定改变神色。见到戴冠冕的人、盲人,即使是熟人,也必定礼貌相待。

乘车遇上穿丧服的人就扶着轼致礼,为传送文书的人扶轼。

有丰盛的菜肴,必定改变神色并站起身来。

遇上雷霆、大风,必定改变神色。

【段意】

此章是记载孔子改变神态以示敬礼的场合。睡觉不像死尸那样躺卧,是因为其姿态不雅;家居不像做客那样坐着,并非怠惰,仅仅是不像在正式场合那样拘礼,以示家居的区别。

10.17 升车,必正立,执绥。

车中不内顾[①],不疾言,不亲指[②]。

【注释】

①内顾:古人认为,在车上前视不超过车前的横木,左右不超过车箱的外沿。②亲指:刘宝楠《正义》认为,《礼记·曲礼》谓"车上不妄指",故此处的"亲"可能是"妄"之讹。

【译文】

上了车,必定端正地站立,拉着扶手的绳索。

在车上不回顾车内,不高声说话,不指指点点。

【段意】

此章是记载孔子乘车时的仪态。在车上"不内顾,不疾言,不亲指",不仅因为这些行为姿态不雅,而且还可能影响他人。

10.18 色斯举矣[①],翔而后集。曰:"山梁雌雉,时哉时哉!"子路共之[②],三嗅而作[③]。

【注释】

①举:飞起来。 ②共:同"拱",拱手。 ③嗅:朱熹《集注》引晁氏说云:"石经'嗅'作'戛',谓雉鸣也。"一说,指鸟张翅飞翔。

【译文】

鸟见到人神色不善就飞了起来，盘旋飞翔后才落下来。孔子说："这山岗上的鸟儿，真是动静得时啊！"子路向它们拱拱手，它们叫了三声飞去了。

【段意】

此章涵义不明，朱熹说，"此上下必有阙文矣"(《集注》)。

先进第十一

11.1 子曰："先进于礼乐[1]，野人也[2]；后进于礼乐，君子也。如用之，则吾从先进。"

【注释】

①先进：前人对此章中"先进"、"后进"的说法甚多，有说是从学的先后，有说是仕进的先后，等等。此处从朱熹说，释为前、后辈。 ②野人：古人称城郊以外的乡村为野，所以，野人就好比说乡下人。

【译文】

孔子说："前辈们在礼乐典制方面，是乡下人；后辈们在礼乐典制方面，是君子。要是被取用的话，我依从前辈们。"

【段意】

孔子认为，前辈们的礼乐典制形式与内容配合得当，但自后人看来显得质朴，所以说是"乡下人"；后辈人的礼乐典制形式繁复胜过内容，所以重文的周人便是"君子"。尽管如此，孔子觉得还是"乡下人"好。朱熹说，孔子"盖欲损过以就中矣"(《集注》)。

11.2 子曰："从我于陈、蔡者[1]，皆不及门也。"

【注释】

①从我于陈、蔡：孔子在流亡他国时，曾在陈、蔡交界地方遭到危难，一度断绝过口粮(参见本书《卫灵公》在陈绝粮章)，后人一般称之为"陈蔡绝粮"或"厄于陈蔡"。蔡是西周初所封的诸侯国，在今河南、安徽一带，公元前447年为楚所灭。

【译文】

孔子说："跟随我困在陈国、蔡国的人，现在都不在门下了。"

【段意】

这一章是孔子在晚年思念流亡时与他共过患难的弟子们。

11.3 德行:颜渊,闵子骞,冉伯牛,仲弓。

言语:宰我,子贡。

政事:冉有,季路。

文学:子游,子夏。

【译文】

德行见长的弟子是颜渊、闵子骞、冉伯牛、仲弓。

言语见长的弟子是宰我、子贡。

政务见长的弟子是冉有、季路。

文事见长的弟子是子游、子夏。

【段意】

此章记载了孔门的十位高材生,后人因而称之为"十哲",并把他们分属的四个门类称为"孔门四科"。程颐认为,这一段是弟子们因为上一章孔子的感叹而记录的,这十位只是跟随孔子流亡的高足,"门人之贤者固不止此"(朱熹《集注》引)。

11.4 子曰:"回也非助我者也,于吾言无所不说。"

【译文】

孔子说:"颜回不是对我有帮助的人,他对于我的话没有不感到喜悦的。"

【段意】

此章似贬实褒。因为颜回对孔子的教诲心领神会,无所疑问,不像有的弟子有时不能理解孔子的深意,所以孔子说他"不是对我有帮助的人",其实仍是对颜回的称赞。

11.5 子曰:"孝哉闵子骞!人不间于其父母昆弟之言①。"

【注释】

①间:非议。昆弟:兄弟。

【译文】

孔子说:"闵子骞真孝顺啊!他人不会怀疑他父母兄弟的话。"

【段意】

此章是赞美闵子骞的孝行。一般来说,父母兄弟总是向着自己的家人,而闵子骞的孝行为人们所公认,所以,人们不怀疑他父母兄弟的称赞。有人认为,"孝哉闵子骞"不像书中其他地方孔子称说弟子的口气,可能是孔子转述当时人称赞闵子骞的话。

11.6 南容三复白圭,孔子以其兄之子妻之。

【译文】

南容多次吟诵《诗》中关于白圭的诗句,孔子把自己的侄女嫁给了他。

【段意】

此章是赞美南容(即南宫适)的德行。文中提到的"白圭",是指《诗·大雅·抑》中的诗句:"白圭之玷,尚可磨也;斯言之玷,不可为也。"其意思是说,玉石上的疵点尚可磨灭,而言语中的失误就不那么容易消除了。南容经常吟诵这几句诗,说明他在警戒自己要慎于言词。这一点正是孔子所提倡的(见本书《里仁》篇君子欲讷于言章),所以对之大加称赞。

11.7 季康子问:"弟子孰为好学?"孔子对曰:"有颜回者好学,不幸短命死矣,今也则亡。"

【译文】

季康子问道:"门徒中哪个好学?"孔子答道:"有个叫颜回的好学,不幸短命死去,现今没有了。"

【段意】

这一章是孔子对颜回的称赞。鲁哀公也问过同样的问题(见本书《雍也》篇),孔子的回答基本相同,只是多了"不迁怒于人,不重犯过错"。对于这点不同,后人有种种说法,有的认为,孔子"以哀公迁怒贰过,故因答以谏之,康子无之,故不云也"(邢疏);有的认为,"臣之告君,不可不尽,若康子者,必待其能问乃告之"(朱熹《集注》引范氏说)。

11.8 颜渊死,颜路请子之车以为之椁①。子曰:"才不才,亦各言其子也。鲤也死②,有棺而无椁,吾不徒行以为之椁。以吾从大夫之后③,不可徒行也。"

【注释】

①颜路:颜回的父亲,名无繇,路是他的字。椁:外棺。 ②鲤:孔子的儿子,字伯鱼。他去世比孔子早,他死时孔子年七十,据推算,孔子在说这番话时孔鲤还没有去世,只是以此来作比喻。 ③从大夫之后:跟随在大夫后面。孔子当时已不是鲁国的大夫了,但他不说曾当过大夫,而说"从大夫之后",是谦逊的说法。

【译文】

颜回去世了,颜路要求孔子卖掉车子来为颜回置办椁。孔子说:"无论有无才能，就说各人自己的儿子吧。即使孔鲤去世，有棺而没有椁，我也不能徒步行走来为他置办椁。因为我曾经当过大夫，不能够徒步行走。”

【段意】

颜回是孔子最得意的学生，他比孔子小三十岁，只活到三十多一点就去世了，孔子对于他的死是很伤感的，这一章和以下三章集中记载了孔子在颜回去世时的言行。颜路因为家境贫困，所以要求孔子卖掉车子来为颜回置办椁。但孔子却不能卖掉自己的车子，因为，根据礼制，像他那样身份的人是不能徒步行走的。孔子怕颜路误解，所以用自己的儿子来作比喻。从这件事上可以看出孔子处事的坦率态度。

11.9　颜渊死，子曰：“噫！天丧予，天丧予！”

【译文】

颜回去世了，孔子说：“啊！是上天惩罚我，是上天惩罚我。”

【段意】

由此章可以想见孔子当时的悲伤情态。

11.10　颜渊死，子哭之恸①，从者曰：“子恸矣。”曰：“有恸乎？非夫人之为恸而谁为？”

【注释】

①恸（tòng 痛）：极度悲哀。

【译文】

颜回去世了，孔子哭得很悲伤，随从的人说：“老师太悲伤了。”孔子说：“我太悲伤了吗？不是为这样的人悲伤还为谁呢？”

【段意】

孔子曾说过，“自吾有回，门人益亲（更加亲近）”（《史记·仲尼弟子列传》）。因此，他对颜回的去世感到分外悲伤。

11.11　颜渊死，门人欲厚葬之，子曰：“不可。”

门人厚葬之，子曰：“回也视予犹父也，予不得视犹子也。非我也，夫二三子也！”

【译文】

颜回去世了，门徒们想厚葬他，孔子说：“不行。”

门徒们厚葬了颜回,孔子说:"颜回对我像父亲一样看待,我却不能把他像儿子一样看待。这不能怪我,是那些后生们啊!"

【段意】

儒家是主张厚葬的,为此,还激烈地抨击了墨家的"节葬"主张。但是,儒家又认为,葬礼的丰菲要依据地位、财力,地位不允许不能丰,财力不优裕不能丰(见《孟子·公孙丑》孟子自齐葬于鲁章)。颜回的家境贫困,不具备厚葬的条件,所以孔子不主张厚葬颜回。

11.12　季路问事鬼神,子曰:"未能事人,焉能事鬼?"曰:"敢问死[1]。"曰:"未知生,焉知死?"

【注释】

①敢:表示尊敬对方的谦词。

【译文】

子路询问事奉鬼神,孔子说:"还没能事奉好生人,怎么能事奉鬼神呢?"子路说:"请问怎样看待死?"孔子说:"还没了解生,怎么能了解死呢?"

【段意】

此章是孔子颇为著名的言论,有人说它反映了孔子是无神论者,有人则认为它表达了孔子达观重生的人生态度。其实,就《论语》本身来看,孔子并不讳言死与事奉鬼神(见《为政》篇孟懿子问孝章、《雍也》篇樊迟问知章),他之所以不回答子路的询问,是要强调"事人"、"知生"的首要地位,其次,恐怕是对于子路的"因材施教",认为子路必须先懂得"事人"、"知生"的道理,才能谈死与鬼神。

11.13　闵子骞侍侧,訚訚如也;子路,行行如也[1];冉有、子贡,侃侃如也。子乐[2],"若由也,不得其死然。"

【注释】

①行行(héng 恒):朱熹《集注》云:"刚强之貌。"　②乐:有人认为,这个"乐"字是"曰"字之讹(两字读音相近)。

【译文】

闵子骞侍立在孔子身边时,温和正直;子路则刚强英武;冉有、子贡是安详从容。孔子觉得很高兴,说:"像由那样,是不得好死的样子。"

【段意】

这几个人都是孔子比较满意的学生,所以孔子见到他们各具个性的神态感到很高兴。子路生性好强，容易受到伤害，所以孔子说他是“不得好死的样子”。后来，子路担任卫国大夫孔悝的家臣，遭逢卫国内乱，子路本可脱难，但他抱着“食其食（领受他人的俸禄）者不避其难”的信念，身入危城，死于乱中。孔子对子路的告诫竟不幸而言中。据说孔子听到卫国内乱的事，曾伤心地说：“子路要丧命了！”不久，果然传来子路殉难的消息（《史记·仲尼弟子列传》）。

11.14 鲁人为长府①，闵子骞曰：“仍旧贯如之何②？何必改作？”子曰：“夫人不言，言必有中。”

【注释】

①长府：鲁国官府的名称，昭公二十五年（前517），季氏作乱驱逐昭公，因为昭公曾据长府进行对抗，所以就对它进行改建，以消除其防御能力。 ②贯：此指规制。

【译文】

鲁人改造长府，闵子骞说：“按旧规制会如何呢？何必要改造呢？”孔子说：“这个人除非不说，说了必定合乎道理。”

【段意】

闵子骞认为，关键不在于长府有无抵抗能力，而在于是否有道、是否得民心。孔子很欣赏他的识见，称赞他“言必有中”。如果脱开事情本身来说，闵子骞的态度也合乎孔子一贯主张的言语要谨慎的准则（参见本篇南容三复白圭章）。

11.15 子曰：“由之瑟奚为于丘之门①？”门人不敬子路，子曰：“由也升堂矣②，未入于室也。”

【注释】

①瑟：古代一种弦乐器，与古琴类似。 ②堂：屋内的正厅，必须经过堂才能进入内室。

【译文】

孔子说：“仲由这样鼓瑟，为什么要到我的门下来呢？”门徒们因而不敬重子路，孔子说：“由这个人已经登上殿堂，还没有进入内室。”

【段意】

《孔子家语》说，子路鼓瑟有“杀伐之声”，孔子不满意，认为有悖于乐道，所以说了以上这番话。但孔子并非完全否定子路，只是批评他的缺点，因此，他见门徒们不敬重子路时，又说明这只是个学识程度问题，“言子路之学，已造乎正大高明之域,特未深入精微之奥耳,未可以一事之失而遽忽之也”(朱熹《集注》)。

11.16 子贡问:“师与商也孰贤?”子曰:“师也过,商也不及。”曰:“然则师愈与?”子曰:“过犹不及。”

【译文】

子贡问道:“子张和子夏哪个能干?”孔子说:“子张过头了些,子夏不够了些。”

子贡说:“那么是子张强一些了?”孔子说:“过头和不够不相上下。”

【段意】

这一章是对子张、子夏的评论。“过犹不及”这个论断,充分体现了孔子所主张的中庸之道。

11.17 季氏富于周公①,而求也为之聚敛而附益之。子曰:“非吾徒也。小子鸣鼓而攻之可也②。”

【注释】

①周公:泛指在周王朝任职的王族。 ②鸣鼓:鼓在作战时用于号令进攻,故此处是公开声讨的意思。

【译文】

季氏的富有超过了周公,而冉求却为他搜刮来增加他的财富。孔子说:“他不是我的门徒,你们这些后生公开声讨他都没有关系。”

【段意】

冉求当时正担任季氏的家臣,孔子曾肯定过冉求的理政才能(见本书《公冶长》篇孟武伯问仁章),而冉求却把他的才能用于助纣为虐,所以孔子十分气愤。朱熹说:“圣人之恶(憎恨)党恶(偏袒恶行)而害民也如此,然师严而友亲,故已绝之(与之断绝关系)而犹使门人正(纠正)之,又见其爱人之无已(没有止境)也”(《集注》)。

11.18 柴也愚①,参也鲁,师也辟②,由也喭③。

【注释】

①柴:高柴,卫国人(一说齐国人),名柴,字子羔。孔子的弟子。 ②辟(pì 僻):偏颇。又朱熹《集注》云:“辟,便辟也。谓习于容止,少诚实也。” ③喭(yàn 彦):鲁莽。朱熹释为粗俗。

【译文】

高柴愚笨,曾参迟钝,颛孙师偏颇,仲由鲁莽。

【段意】

此章记载了孔子四位弟子的缺点。有的学者认为,这应是孔子所说,以使他们能匡正自己的不足。

11.19 子曰:“回也其庶乎①,屡空②。赐不受命而货殖焉③,亿则屡中。”

【注释】

①庶:庶几,差不多。 ②屡空:朱熹《集注》云:“数至空匮也。” ③不受命:前人对这句的解释不一,有说子贡不接受孔子教诲的,有说他不做官的。按儒家认为富贵自有天命,因此,此处的“命”应释为本分。货殖:通过交易使钱财增多。

【译文】

孔子说:“颜回大概差不多了吧,可是常常贫困。端木赐不安本分而去经商,揣度却常常猜中。”

【段意】

此章是议论颜回和子贡,而重点则在于子贡。颜回安贫乐道,无可非议,子贡热衷于经商,不仅情况比颜回好,而且还常常言中事理。孔子说这番话的用意何在呢?由于缺乏语境,无从臆测。有的说,这是勉励子贡不要依仗天赋;有的说,子贡违背孔子的教诲去求富,所以孔子“贤颜渊而讥子贡”(《汉书·货殖传》)。

11.20 子张问善人之道,子曰:“不践迹①,亦不入于室。”

【注释】

①践迹:朱熹《集注》引程颐说云:“践迹,如言循途守辙。善人虽不必践旧迹而自不为恶,然亦不能入圣人之室也。”

【译文】

子张询问善人的作为,孔子说:“不践行已有的事迹,也达不到高深的境界。”

【段意】

这里所谓的“善人”是指本性善良的人。孔子认为,这样的人虽不经学习而能行善行,但却不能达到高深的境界。此章实际上强调了学习的重要性。

11.21 子曰:“论笃是与[1],君子者乎,色庄者乎?”

【注释】

①与:赞许。

【译文】

孔子说:“言论笃实就赞许,但要区分他究竟是君子呢,还是装作庄重的人。”

【段意】

此章是说,不能以言取人。在这个问题上孔子有过教训,他曾说:“始吾于人也,听其言而信其行;今吾于人也,听其言而观其行”(本书《公冶长》篇宰予昼寝章)。

11.22 子路问:“闻斯行诸?”子曰:“有父兄在,如之何其闻斯行之?”

冉有问:“闻斯行诸?”子曰:“闻斯行之。”

公西华曰:“由也问闻斯行诸,子曰‘有父兄在’;求也问闻斯行诸,子曰‘闻斯行之’。赤也惑,敢问。”子曰:“求也退,故进之;由也兼人[1],故退之。”

【注释】

①兼人:一个人做二个人的事,喻好胜。

【译文】

子路问道:“听说了就实行吗?”孔子说:“有父亲兄长在世,怎么能听说了就实行呢?”

冉有问道:“听说了就实行吗?”孔子说:“听说了就实行。”

公西华说:“仲由询问是否听说了就实行,老师说‘有父亲兄长在世’;冉求询问是否听说了就实行,老师说‘听说了就实行’。我搞不懂,向老师请教。”孔子说:“冉求谦退,所以促进他;仲由好胜,所以抑制他。”

【段意】

此章鲜明地体现了孔子“因材施教”的教育方法。同样的问题,由于询问者的情况不同,孔子的答复也不同,“一进之、一退之,所以约之(约束他们)于义理之中(不偏不倚),而使之无过不及之患(弊病)也”(朱熹《集注》引张敬夫说)。

11.23 子畏于匡,颜渊后。子曰:“吾以女为死矣。”曰:“子在,回何敢死?”

【译文】

孔子在匡邑遇险,颜回落在后面。孔子说:“我以为你死了呢。”颜回说:“老师还在,我怎么敢死呢?”

【段意】

孔子在匡邑遇险的事,又见本书《子罕》篇子畏于匡章。孔子与颜回的师生之道不同寻常,所以,颜回的奉师之道也不一般。如果孔子死难,颜回必然不会偷生,诚如有的学者所说:“倘夫子果真遇难,(颜回)幸而不死,则必上告天子、下告方伯,请讨(讨伐)以复仇,不但已(善罢甘休)也”(朱熹《集注》引胡氏说)。既然孔子还健在,那么颜回就不敢轻易去死了。仁者并非无勇,问题只在于有没有必要。

11.24 季子然问①:“仲由、冉求可谓大臣与?”子曰:“吾以子为异之问,曾由与求之问②。所谓大臣者,以道事君,不可则止。今由与求也,可谓具臣矣。”

曰:“然则从之者与?”子曰:“弑父与君,亦不从也。”

【注释】

①季子然:据何氏《集解》引孔安国说,季子然是季氏的子弟。而《史记·仲尼弟子列传》引此章则作“季孙问曰”。 ②曾:朱熹《集注》云:“犹乃也。”

【译文】

季子然问道:“仲由、冉求可称为德行高尚的臣属吗?”孔子说:“我以为你要问什么了不起的事,原来是问仲由和冉求呀。所谓德行高尚的臣属,是用大道来事奉君主,行不通就罢手。仲由和冉求,眼下只可称为备位充数的臣属。”

季子然说:“那么他们是顺从的人吗?”孔子说:“谋害父亲和君主,是不会顺从的。”

【段意】

孔子表面上在谈论臣属事奉君主之道,实际上是通过轻视子路、冉求来讥讽季氏的不臣行为。当时,子路、冉求正担任季氏的家臣,季氏无道,他们既不能匡正(见本篇季氏富于周公章),又不能罢手,所以孔子说他们是“备位充数的臣属”。其中的话外之音,尤其在“谋害父亲和君主,是不会顺从的”这句话中表示得更明显。

11.25 子路使子羔为费宰,子曰:“贼夫人之子①。”

子路曰："有民人焉、有社稷焉，何必读书然后为学？"

子曰："是故恶夫佞者！"

【注释】

①贼：为害的意思。

【译文】

子路让子羔担任费邑的长官，孔子说："误人子弟啊！"

子路说："既有民众又有社稷，为什么一定要读书才算是学习呢？"

孔子说："因此我厌恶巧语强辩的人！"

【段意】

季氏曾请闵子骞担任费邑的长官，遭到闵子骞的拒绝（见本书《雍也》篇），其时子路正在做季氏的家臣，他又为季氏物色了同门弟子子羔。子羔比子路小二十一岁，孔子认为他学业还不圆满，处事不达权变（孔子曾说他的缺点是"愚"，见本篇柴也愚章），不具备出仕的条件，所以说子路这样做是"误人子弟"。子路情知理屈，却强行辩解，这就更引起了孔子的反感。

11.26　子路、曾皙、冉有、公西华侍坐①，子曰："以吾一日长乎尔，毋吾以也②。居则曰'不吾知也'③，如或知尔，则何以哉？"

子路率尔而对曰："千乘之国，摄乎大国之间④，加之以师旅，因之以饥馑，由也为之，比及三年⑤，可使有勇，且知方也。"夫子哂之。

"求，尔何如？"对曰："方六七十、如五六十，求也为之，比及三年，可使足民。如其礼乐，以俟君子。"

"赤，尔何如？"对曰："非曰能之，愿学焉。宗庙之事⑥、如会同，端章甫⑦，愿为小相焉⑧。"

"点，尔何如？"鼓瑟希⑨，铿尔舍瑟而作⑩，对曰："异乎三子者之撰⑪。"

子曰："何伤乎？亦各言其志也。"

曰："莫春者⑫，春服既成，冠者五六人⑬、童子六七人，浴乎沂⑭，风乎舞雩⑮，咏而归。"

夫子喟然叹曰："吾与点也！"

三子者出，曾皙后。曾皙曰："夫三子者之言何如？"子曰："亦各言其志也已矣。"

曰:“夫子何哂由也?”曰:“为国以礼,其言不让,是故哂之。”

“唯求则非邦也与?”“安见方六七十、如五六十而非邦也者?”

“唯赤则非邦也与?”“宗庙、会同,非诸侯而何?赤也为之小,孰能为之大?”

【注释】

①曾皙:曾参的父亲,名点,也是孔子的弟子。 ②毋吾以:“以”同“已”,此处是停止、受拘束的意思。 ③居:此处意为平常。 ④摄:含有局促、受制约的意思。 ⑤比及:等到。 ⑥宗庙之事:指祭祀。 ⑦会同:诸侯会盟。端章甫:端是礼服,章甫是礼帽。 ⑧小相:相是协助行礼的官员,相当于现在所说的司仪。小是谦逊的说法。 ⑨希:朱熹《集注》云:“间歇也。” ⑩铿:放下瑟的声音。一说是结束乐曲的尾声。 ⑪撰:此处指想法、内容。 ⑫莫:同“暮”。 ⑬冠者:已经行过冠礼的成年人。古代在二十岁行冠礼,表示成年。 ⑭沂:水名,源出今山东邹县东北,西流至曲阜与洙水汇合,然后流入泗水。 ⑮舞雩:在当时鲁国都城城南的沂水边上,是祭天求雨的高坛。

【译文】

子路、曾皙、冉有、公西华随从孔子坐着,孔子说:“虽然我的年岁稍长些,但你们不要拘束。往常你们常说‘没人了解我’,如果有人了解你们,你们打算干什么呢?”

子路轻巧地答道:“千乘兵车的国家,处在大国的中间,外有兵戈相加,内有饥荒相困,让我来治理,只须三年,能使它们勇敢,并懂得道理。”孔子微微一笑。

孔子说:“求,你怎么样啊?”冉有答道:“方圆六七十里,或者五六十里的地方,让我来治理,只须三年,能使民众富有。至于礼乐教化,就有待君子了。”

孔子说:“赤,你怎么样啊?”公西华答道:“并非有能力,但愿意学习。宗庙祭祀,或与别国会盟,我愿意穿着礼服,担任小小的司仪。”

孔子说:“点,你怎么样啊?”曾皙鼓瑟略微放慢了节奏,铿的一声放下瑟站起身来,答道:“我和他们三位的想法不同。”

孔子说:“这有什么关系呢?不过各人谈论自己的志向而已。”

曾皙说:“暮春三月,已经穿上了春装,邀上五六个成年人、五六个小孩子,在沂水里沐浴,到雩台上乘凉,唱着歌回来。”

孔子叹息着说:“我赞同点啊!”

其他三人退出去了,曾皙后走。曾皙说:“他们三位的话怎么样啊?”孔子说:“不过是各人谈论自己的志向而已。”

曾皙说:“夫子为何哂笑仲由呢?”孔子说:“治理国家凭借礼仪,他的话毫不谦让,所以我哂笑他。”

曾皙说:“冉求所说的就不是国家吗?”孔子说:“怎么见得方圆六七十里或者五六十里的地方就不是国家呢?”

曾皙说:“公西赤所说的就不是国家吗?”孔子说:“宗庙、会盟,不是诸侯是什么?赤只做个小小的司仪,谁能担任大的职事呢?”

【段意】

此章记载了孔子与他的四个弟子谈论志向的事(本书《公冶长》篇亦记有孔子与颜回、子路谈论志向的事,可与此章参看)。子路、冉求都是政事科的高材生,公西赤长于礼仪,孔子曾在孟武伯面前评论过他们的才能(见本书《公冶长》篇孟武伯问仁章)。在此章中,由于孔子叫他们不要拘束,所以他们谈得很坦率,也很切合自己的能力,所以孔子除了哂笑子路说话不谦让外并无异议(比较而言,冉求、公西赤的话就很审慎,冉求说,礼乐教化有待于君子;公西赤说,他只能担任小小的司仪)。曾皙是曾参的父亲,他的修养程度比子路等人要高一点,他所谈的不是事功,而是乐道,深得孔子微意,所以孔子说他赞同曾皙的志向。

颜渊第十二

12.1　颜渊问仁,子曰:“克己复礼为仁。一日克己复礼,天下归仁焉。为仁由己,而由人乎哉?”

颜渊曰:“请问其目。”子曰:“非礼勿视,非礼勿听,非礼勿言,非礼勿动。”

颜渊曰:“回虽不敏,请事斯语矣。”

【译文】

颜渊询问仁,孔子说:“约束自身使言行合乎礼,就是仁。一旦能约束自身使言行合乎礼,天下就归依仁了。成就仁在乎自身,难道要仰仗他人吗?”

颜渊说:“请问具体的内容。”孔子说:“不合乎礼的不去看,不合乎礼的不去听,不合乎礼的不去说,不合乎礼的不去做。”

颜渊说:“我虽然迟钝,也要奉行这些教导。”

【段意】

此章是孔子谈仁的重要言论之一。孔子所主张的仁,从外在的方面来说,是要强调周代统治体制中留存的氏族民主遗风,讲求“中庸”,反对过分的残暴剥削和压迫;从内在的方面来说,是主张对个体人格的完善和追求。就后者来说,孔子又强调学习及自我约束对于造就仁的重要性,“克己复礼为仁”就是对此的最经典的表述。在如何实施的问题上,孔子还谈到了礼与仁的关系。礼,从外表来看,是一套繁复的礼仪制度,它把统治体系予以规范化和系统化。孔子的杰出之处就在于,他把礼区分为仪式和本质两个层次,礼必须通过仪式来具体化,但仪式本身不是目的。孔子用仁来解释礼的本质,强调礼的本质实际是人们的情感和身心需求的凝聚,既肯定了正常情欲的合理性,又强调要对它进行正确引导。这样,孔子既为礼确立了内在的心理依据,又为仁找到了外在的制约尺度,即所谓“非礼勿……”等四个项目。正因为如此,此章中所说的准则,始终为儒家学者奉为圭臬。

12.2 仲弓问仁,子曰:“出门如见大宾,使民如承大祭。己所不欲,勿施于人。在邦无怨,在家无怨①。”

仲弓曰:雍虽不敏,请事斯语矣。

【注释】

①在家:在家族中。刘宝楠《正义》认为,这里的“在邦”、“在家”,是指出仕于诸侯之国和卿大夫之家。

【译文】

仲弓询问仁,孔子说:“走出家门如同会见贵宾,役使民众如同承当大祭。自己所不想要的,不要施加于他人。在官府没有人怨恨,在家族里没有人怨恨。”

仲弓说:“我虽然迟钝,也要奉行这些教导。”

【段意】

此章谈仁,着重于敬、恕。尤其值得注意的是“恕”,即“己所不欲,勿施于人”。从个人修身而言,这是对行为的一种约束;从为政治国而言,它又限制了过分残暴的政措。这一点,在《中庸》中有进一步的发挥。

12.3 司马牛问仁①,子曰:“仁者,其言也讱。”

曰:“其言也讱,斯谓之仁已乎?”子曰:“为之难,言之得无讱乎?”

【注释】

①司马牛:宋国人,名耕(一说名犁),字子牛。孔子的弟子。

【译文】

司马牛询问仁,孔子说:“具备仁的人,他的言语谨慎。”

司马牛说:“言语谨慎就叫做仁了吗?”孔子说:“做起来难,说能不谨慎吗?”

【段意】

孔子曾多次谈到言语谨慎问题,他认为好学者、君子都应具备这种德行(见本书《学而》篇君子食无求饱章、《里仁》篇君子欲讷于言而敏于行章等),并称赞过闵子骞、南容慎于言词的行为(见本书《先进》篇鲁人为长府章、南容三复白圭之诗章),而且他自己也是这样做的(见本书《乡党》篇)。言语谨慎当然不等于仁,但具备仁的人必然是言语谨慎的。据说司马牛有“多言而躁(浮躁)”的缺点(《史记·仲尼弟子列传》),所以孔子在谈仁时特别强调言语谨慎。

12.4 司马牛问君子,子曰:“君子不忧不惧。”

曰："不忧不惧，斯谓之君子已乎？"子曰："内省不疚，夫何忧何惧？"

【译文】

司马牛询问君子，孔子说："君子不忧愁、不恐惧。"

司马牛说："不忧愁、不恐惧就叫做君子了吗？"孔子说："内心自省不感到愧疚，还有什么忧愁、有什么恐惧呢？"

【段意】

司马牛是宋国人，他的哥哥就是司马桓。他从宋国来到孔子门下不久，传来他的哥哥将要作乱的消息（参见《左传·哀公十四年》），他因此常常很忧愁、恐惧，孔子因而对他说了这番话来勉励他。

12.5 司马牛忧曰："人皆有兄弟，我独亡。"子夏曰："商闻之矣：死生有命，富贵在天。君子敬而无失，与人恭而有礼，四海之内皆兄弟也，君子何患乎无兄弟也？"

【译文】

司马牛忧伤地说："别人都有兄弟，唯独我没有。"子夏说："我听说，生死自有命运，富贵在于上天。君子敬慎而没有失误，待人谦恭而有礼，四海之内都是兄弟，君子何必担忧没有兄弟呢？"

【段意】

此章与上一章有一定的联系。司马牛的哥哥作乱，司马牛担心哥哥因此而丧命，所以忧伤自己将会失去兄弟，子夏因此说了以上这番话来宽慰他（朱熹《集注》云："盖子夏欲以宽牛之忧，故为是不得已之辞，读者不以辞害意可也"）。子夏这段话的影响很大，"四海之内皆兄弟"成了江湖上的口头禅（荣获诺贝尔文学奖的美国女作家Pearl Buck，即赛珍珠，在翻译我国古典小说《水浒》时就用它作为书名）；"死生有命，富贵在天"则被认为是孔子的言论，成为民间流行的俗语。

12.6 子张问明，子曰："浸润之谮、肤受之愬不行焉①，可谓明也已矣；浸润之谮、肤受之愬不行焉，可谓远也已矣②。"

【注释】

①浸润之谮、肤受之愬（sù 诉）：朱熹《集注》云："浸润，如水之浸灌滋润，渐渍而不骤也。谮，毁人之行也。肤受，谓肌肤所受，利害切身，如《易》所谓'剥床以肤，切近灾'者也。愬，愬己之冤也。" ②远：何晏《论语集解》引马融说云：

“德行高远。”又,朱熹《集注》云:“明之至。”

【译文】

子张询问贤明,孔子说:“点滴浸润的谗言、切肤之痛的诬陷不能生效,就可以称为贤明了;点滴浸润的谗言、切肤之痛的诬陷不能生效,就可以称为德行高远了。”

【段意】

此章是谈论贤明的德行。点滴浸润的谗言、切肤之痛的诬陷最容易影响人的情感,而且难以觉察,这二者不能奏效,当然能称之为贤明了。

12.7 子贡问政,子曰:“足食,足兵,民信之矣。”

子贡曰:“必不得已而去,于斯三者何先?”曰:“去兵。”

子贡曰:“必不得已而去,于斯二者何先?”曰:“去食。自古皆有死,民无信不立。”

【译文】

子贡询问政务,孔子说:“使粮食富足,使武备充实,使民众信任。”

子贡说:“迫不得已而放弃一项,在这三项中先放弃哪项?”孔子说:“放弃武备。”

子贡说:“迫不得已而放弃一项,在这二项中先放弃哪项?”孔子说:“放弃粮食。自古以来都有死亡,民众不信任就不能立国。”

【段意】

此章是说施政的三项要点,在这三项中又以取信于民为重。所谓“放弃”云云,乃是子贡设问所致,并非真的可以放弃。孔子教诲弟子,强调发挥他们的学习主动性,他们问到什么程度,就答到什么程度,不问则不答(“举一隅不以三隅反则不复也”,见本书《述而》篇)。因此,孔门弟子经常像本章那样就一个问题穷根究底地进行询问,宋代理学家程颐说:“非子贡不能问,非圣人不能答也”(朱熹《集注》引)。

12.8 棘子成曰①:“君子质而已矣,何以文为?”子贡曰:“惜乎,夫子之说君子也!驷不及舌②。文犹质也,质犹文也,虎豹之鞟犹犬羊之鞟③。”

【注释】

①棘子成:卫国大夫。 ②驷不及舌:驷是指四匹马拉的马车。说马车追

不上舌头，犹如现在所谓的“一言既出，驷马难追”。 ③鞟(kuò 扩)：去了毛的皮。

【译文】

棘子成说：“君子质朴就行了，何必还要文彩呢？”子贡说：“可惜啊，先生如此谈论君子！话一出口就难以收回了。如果文彩与质朴一样，质朴与文彩一样，那么去了毛的虎豹皮与去了毛的犬羊皮就没有区别了。”

【段意】

此章是说质朴与文彩的关系。棘子成强调质朴的重要性并无大错，但他却否认文彩的作用，这就有问题了。子贡虽然纠正了棘子成的偏颇，可是自己也犯了同样性质的毛病，朱熹说：“棘子成矫(纠正)当时之弊，固(固然)失之过(偏激)，而子贡矫子成之弊，又无本末、轻重之差(区别)，胥失之(都有缺陷)也。”(《集注》)

12.9 哀公问于有若曰：“年饥，用不足，如之何？”

有若对曰：“盍彻乎[①]？”

曰：“二，吾犹不足，如之何其彻也？”

对曰：“百姓足，君孰与不足，百姓不足，君孰与足？”

【注释】

①盍：何不。彻：相传是周代的租赋制度，其赋税率是十分取一。

【译文】

鲁哀公问有若：“年成不好，用度不足，怎么办呢？”

有若答道：“何不十分取一收税呢？”

哀公说：“十分取二尚且不够，怎么能十分取一呢？”

有若答道：“百姓富有，国君怎么会不足呢？百姓不足，国君怎么会富有呢？”

【段意】

此章是孔子仁学思想的典型体现。仁在政务上的表现就是避免过于苛暴的政措，从而达到长治久安的目的。尽管这并非“为民众本身”(见鲁迅《在现代中国的孔夫子》)，但它终究比暴政对民众好些。就本章所说的问题来看，儒家的态度显然是明智的。

12.10 子张问崇德、辨惑，子曰：“主忠信，徙义[①]，崇德也；爱之欲其生，恶之欲其死，既欲其生又欲其死，是惑也。‘诚不以富，亦祇以异。'"

【注释】

①徙义:顺从大义。徙,是迁移的意思。

【译文】

子张询问如何提高德行、廓清疑惑,孔子说:"以忠诚守信为本,顺从大义,就是提高德行。喜爱时希望他生存,厌恶时希望他死去,既希望他生存又希望他死去,这就是疑惑。《诗·小雅·我行其野》说:'诚不以富,亦祇以异。'"

【段意】

子张有偏颇的毛病(见本书《先进》篇柴也愚章),因此,孔子在回答他的问题时,特别强调要遵循中道、德行有常,在大是大非问题上不能疑惑。据清代学者戴望的说法,孔门弟子对季氏驱逐昭公之事意见不一,子张因而有疑惑(《论语注》卷十二),此说对于理解此章大意有一定启发。此章最后所引的《诗》,与论述内容没有很密切的关联。宋代学者程颐认为,这一句应属《季氏》篇齐景公有马千驷章,因为此处的下一章也有"齐景公"的字样而误(朱熹《集注》引)。

12.11 齐景公问政于孔子①,孔子对曰:"君君,臣臣,父父,子子。"公曰:"善哉!信如君不君、臣不臣、父不父、子不子,虽有粟,吾得而食诸?"

【注释】

①齐景公:齐国的国君,名杵臼,公元前547—前490年在位。据《史记·孔子世家》记载,孔子在鲁昭公二十五年(前517),因鲁国内乱而出奔到齐国。他与齐景公的这段对话就发生在这时。

【译文】

齐景公向孔子询问政务,孔子说:"君主像君主,臣属像臣属,父亲像父亲,儿子像儿子。"景公说:"是啊!如果真的君主不像君主、臣属不像臣属、父亲不像父亲、儿子不像儿子,即使拥有粮米,我能够得食吗?"

【段意】

孔子认为,治理国家的根本点是确立统治秩序、区分上下尊卑。孔子对齐景公说这番话又是有所针对的,朱熹说:"是时景公失政(没有处理好政务),而大夫陈氏厚施(丰厚的施舍)于国,景公又多内嬖(宠姬)而不立太子,其君臣父子之间皆失其道,故夫子告之以此"(《集注》)。

12.12 子曰:“片言可以折狱者①,其由也与?”

子路无宿诺②。

【注释】

①片言:前人对此句有多种说法,有的认为子路能凭单方面的证词断狱;有的说因为子路真诚直率,别人不愿欺瞒他,所以能凭一面之词断狱,等等。都将“片言”作为他人所说的话,朱熹认为这应是指子路的话,因“子路忠信明决,故言出而人信服之,不带其辞之毕也”(《集注》)。 ②无宿诺:有许诺就去做而不过夜。这句话与前文没有很密切的联系,陆德明《经典释文》说,有的本子把这句话另分为一章。

【译文】

孔子说:“能以片言只语断案的人,大概是由吧?”

子路没有隔宿的许诺。

【段意】

此章是说子路有明断诚实的德行。断案不是一件容易的事,子路能出语使人信服,说明他的明断;他不事先许诺,是担心不能做到,这说明他的诚实。

12.13 子曰:“听讼,吾犹人也。必也使无讼乎。”

【译文】

孔子说:“审理诉讼,我与他人一样。必须使诉讼不发生。”

【段意】

孔子主张“德治”,即以教化来争取民众的拥护。所以,他不主张单纯依仗刑罚,这也是儒家与法家的根本区别。因此,他认为公平的审理诉讼并不关键,重要的是使诉讼不发生,即消弭诉讼产生的根源。

12.14 子张问政,子曰:“居之无倦,行之以忠。”

【译文】

子张询问政务,孔子说:“任职不懈怠,办事靠忠诚。”

【段意】

子张有“过”与“辟”的缺点(见本书《先进》篇),因此,孔子在与他谈论治政时特别强调不懈怠和忠诚。

12.15 子曰:“博学于文,约之以礼,亦可以弗畔矣夫。”

【译文】

孔子说:“君子广泛地学习典制,用礼仪来制约,也可以不背离大道了。”

【段意】

此章已见于《雍也》篇。

12.16 子曰:“君子成人之美,不成人之恶,小人反是。”

【译文】

孔子说:“君子成就他人的好事,不促成他人的坏事,小人与此相反。”

【段意】

此章也是说君子与小人的行为区别。君子、小人的存心、好恶截然不同,因此,处事所带来的实际效果也就不同。

12.17 季康子问政于孔子,孔子对曰:“政者,正也。子帅以正①,孰敢不正?”

【注释】

①帅:通“率”,表率。

【译文】

季康子向孔子询问政务,孔子答道:“所谓政务,就是端正。你用端正来作表率,谁敢不端正呢?”

【段意】

在治国问题上,孔子很重视统治者个人以身作则的表率作用。他认为,要推行“德治”,必须使贤者或君子居于统治地位,没有统治者个人的道德表率,就不能充分发挥道德感化的效果。季康子是当时鲁国的实际掌权者,孔子与他谈及这点,既是对他的规劝,也是对他的期望。

12.18 季康子患盗,问于孔子。孔子对曰:“苟子之不欲,虽赏之不窃。”

【译文】

季康子担忧盗贼,向孔子求教。孔子答道:“如果你不贪欲,即使奖励也不会有人去偷盗。”

【段意】

此章的大意与上一章相同。

12.19 季康子问政于孔子曰："如杀无道以就有道①，何如？"

孔子对曰："子为政，焉用杀？子欲善而民善矣。君子之德风，小人之德草，草上之风必偃②。"

【注释】

①就：趋向、成就。 ②上：通"尚"，临加、遇上。偃：倒伏。

【译文】

季康子向孔子询问政务说："以杀戮无道的方式使国政趋向清明，怎么样啊？"

孔子答道："你治理国政，干吗使用杀戮的手段呢？你企求善民众就会行善。君子的德行是风，小人的德行是草，草遇上风必定倒伏。"

【段意】

这一章的涵意和上两章相同。

12.20 子张问："士何如斯可谓之达矣？"

子曰："何哉尔所谓达者？"

子张对曰："在邦必闻、在家必闻。"

子曰："是闻也，非达也。夫达也者，质直而好义，察言而观色，虑以下人，在邦必达、在家必达。夫闻也者，色取仁而行违，居之不疑，在邦必闻、在家必闻。"

【译文】

子张问道："士人要怎样才能称为通达呢？"

孔子说："你所谓的通达是什么意思呢？"

子张答道："在国中必定闻名、在家族中必定闻名。"

孔子说："这是闻名，不是通达。所谓通达，就是秉性正直而喜好义理，洞察言谈、观望神态，思虑自己不如他人之处，在国中必定通达、在家族中必定通达。所谓闻名，则是神态上表现为仁而行动上却违背它，以此自居毫不疑惑，在国中必定闻名、在家族中必定闻名。"

【段意】

此章是谈论士人的德行。通达和闻名是两个不同的概念，前者重在自身的修养，后者着眼于他人的赞赏。虽然通达最终必定会带来闻名，但通达的目的不是为了闻名。宋代理学家程颐说："学者须是务实，不要近名。有意近名，大本（最重要的东西）已失，更（再去）学何事（有什么用）？为名而学，则是伪（虚伪）也。

今之学者大抵为名。为名与为利虽清浊不同,然其利心(求利的用意)则一也”(朱熹《集注》引)。

12.21　樊迟从于舞雩之下,曰:“敢问崇德、修慝、辨惑①。”

子曰:“善哉问!先事后得,非崇德与?攻其恶,无攻人之恶,非修慝与?一朝之忿,忘其身,以及其亲②,非惑与?”

【注释】

①修慝:消除恶念,朱熹《集注》引胡氏说云:“慝之字从心从匿,盖恶之匿于心者。修者,治而去之。”

【译文】

樊迟随从孔子在雩台边漫步,说:“请问如何提高德行、消除恶念、廓清疑惑呢?”

孔子说:“问得好啊!先去从事,然后获得,不就是提高德行吗?攻讦自己的恶行,不攻讦他人的恶行,不就是消除恶念吗?因为一时的忿怒,忘记了自身,以至带累自己的父母,不就是疑惑吗?”

【段意】

子张也向孔子提过同样的问题,赵纪彬认为,樊迟之所以提出问题的初衷与子张相同(见《论语新探》),参见本篇子张问崇德辨惑章。

12.22　樊迟问仁,子曰:“爱人。”问知,子曰:“知人。”

樊迟未达,子曰:“举直错诸枉①,能使枉者直。”

樊迟退,见子夏,曰:“乡也吾见于夫子而问知②,子曰‘举直错诸枉,能使枉者直’,何谓也?”

子夏曰:“富哉言乎!舜有天下,选于众,举皋陶③,不仁者远矣。汤有天下④,选于众,举伊尹⑤,不仁者远矣。”

【注释】

①举直错诸枉:孔子在回答鲁哀公询问如何使民众服从时,也说过同样的话,见本书《为政》篇。　②乡:刚才。　③皋陶(yáo 遥):传说中东夷族的首领,曾在舜的手下当过管理刑法的官。古人认为他是执法公平的典范。　④汤:亦称成汤,商王朝的开国君主。　⑤伊尹:商初大臣,名伊(一说名挚),尹是官名。他曾辅佐成汤灭夏和巩固商初的统治,是古代有名的贤臣。

【译文】

樊迟询问仁,孔子说:"爱护他人。"樊迟询问知,孔子说:"了解他人。"

樊迟未能理解,孔子说:"举用正直的人来代替不正直的人,能使不正直的人变得正直。"

樊迟退出来,见到子夏,说:"刚才我去见夫子询问知,他说'举用正直的人来代替不正直的人,能使不正直的人变得正直',是什么意思呢?"

子夏说:"这话涵义丰富啊!舜拥有天下,在众人中挑选,举用了皋陶,不仁的人就离去了。汤拥有天下,在众人中挑选,举用了伊尹,不仁的人就离去了。"

【段意】

仁是孔子学说的重要基点,其他的一切概念都不同程度地与仁相联系。仁既是孔学的世界观,也是它的方法论。所谓"爱护他人",就是行中庸之道;所谓"了解他人",从某种意义上说就是完善个体人格。樊迟不理解孔子的奥义,孔子就用浅显的道理来向他解释。从治理国家的角度来看,"举直而错诸枉"是以实际行动来推行仁道。要做到这一点,必须首先能爱护、了解他人。这既是个人修养的问题,又是为政的大纲,所以子夏说"这话涵义丰富"。

12.23　子贡问友,子曰:"忠告而善道之,不可则止,无自辱焉。"

【译文】

子贡询问结交朋友,孔子说:"忠心地劝告并好好地引导他,不能做到就停止,不要使自己遭受耻辱。"

【段意】

此章是说交友之道。以儒家的观点来看,结交朋友是为了辅助仁德,即所谓"以友辅德"。所以,朋友如果违背仁德,能劝导则劝导,不能劝导就保护自身。这就是"以义相合",用今天的话来说,也就是坚持原则。

12.24　曾子曰:"君子以文会友,以友辅仁。"

【译文】

曾子说:"君子以学问来结交朋友,以朋友来辅助仁德。"

【段意】

参见上章,朱熹《集注》云:"讲学以会友则道益明,取善以辅仁则德日进。"

子路第十三

13.1　子路问政,子曰:"先之[1],劳之。"

请益,曰:"无倦。"

【注释】

①先之:朱熹《集注》引苏氏说云:"以身先之。"

【译文】

子路询问政务,孔子说:"以身作则,吃苦耐劳。"

子路要求讲得多一些,孔子说:"不要怠惰。"

【段意】

此章是说,治理国家要以以身作则为先,"不要怠惰"则是对上述要求的坚持。子路性急好勇,对孔子所说的有些不满足,觉得不难做到,因此要求再增加一些要求,孔子实际上并没有再多加要求,而是反过来针砭子路的缺点,"使之深思也"(程颐语,朱熹《集注》引)。

13.2　仲弓为季氏宰,问政,子曰:"先有司[1],赦小过,举贤才。"

曰:"焉知贤才而举之?"子曰:"举尔所知。尔所不知,人其舍诸?"

【注释】

①先有司:何晏《论语集解》引王肃说云:"言为政当先任有司,而后责其事。"一说,是指自己应当为手下的各个部门带头。

【译文】

仲弓担任了季氏的家臣,询问政务,孔子说:"先派定管事人员,原谅小的过错,举用贤能的人才。"

仲弓说:"如何知道是贤能的人才而举用他们呢?"孔子说:"举用你所知道

的。你所不知道的,别人难道会遗弃他们吗?”

【段意】

孔子对仲弓所说的三点很有深意。首先派定管事人员,是让这些人来分担具体事务,决策掌权者就能专心操作大事;原谅小的过错,是不要太苛刻的意思(朱熹说:“大者于事或有所害,不得不惩;小者赦之,则刑不滥而人心悦矣。”见《集注》);举用贤才,是保证政务能有效地贯彻。推而广之,这三点不仅适用于家臣,对于治理天下、国家也是有效的。

13.3 子路曰:“卫君待子而为政,子将奚先?”

子曰:“必也正名乎①!”

子路曰:“有是哉,子之迂也②! 奚其正?”

子曰:“野哉由也! 君子于其所不知,盖阙如也。名不正,则言不顺;言不顺,则事不成;事不成,则礼乐不兴;礼乐不兴,则刑罚不中;刑罚不中,则民无所错手足。故君子名之必可言也,言之必可行也。君子于其言,无所苟而已矣。”

【注释】

①正名:前人对此的说法不一,此处参考《荀子·正名》及张岱年的说法。张岱年在《中国古典哲学概念范畴要论》中说:“孔子所谓‘正名’意指确定事物名称的含义,规定事物的正确名称。” ②迂:朱熹《集注》云:“谓远于事情,言非今日之急务也。”

【译文】

子路说:“卫君等待老师去治理国政,老师打算先从哪儿着手呢?”

孔子说:“必须辨正名称!”

子路说:“有这个必要吗? 老师绕得太远了! 辨正它们干什么呢?”

孔子说:“你真卤莽啊! 君子对于自己所不知道的,就不发表意见。名称不辨正,说话就不顺当;说话不顺当,事情就做不成;事情做不成,礼乐就得不到实施;礼乐得不到实施,刑罚就不会得当;刑罚不得当,民众就无所适从。因此,君子定名的东西必定有理由可说,说了就必定能施行。君子对于自己的说话,是一点都不马虎的。”

【段意】

这一章与本书《述而》篇夫子为卫君章有关。这里所说的“卫君”也是指卫出公辄,孔子就此提出的“正名”有很强的针对性。孔子认为,出公以儿子对抗父亲是“名不正”，由此将带来一系列消极的后果，所以主张首先要“正名”。在这一点上子路没有孔子想得那么深，后来他死于卫国内乱与此不无关系。

13.4 樊迟请学稼，子曰：“吾不如老农。”请学为圃①，曰：“吾不如老圃。”

樊迟出，子曰：“小人哉樊须也！上好礼，则民莫敢不敬；上好义，则民莫敢不服；上好信，则民莫敢不用情。夫如是，则四方之民襁负其子而至矣②，焉用稼？”

【注释】

①圃：朱熹《集注》云：“种蔬菜曰圃。” ②襁：襁褓，背负婴儿的用具。

【译文】

樊迟请求学种庄稼，孔子说：“我不如老农民。”樊迟请求学种蔬菜，孔子说：“我不如老园丁。”

樊迟退了出去，孔子说：“樊迟真是小人！在上者喜好礼仪，民众没有一个敢不恭敬；在上者喜好道义，民众没有一个敢不服从；在上者喜好守信，民众没有一个敢不用真诚相待。如果这样，四方的民众就会背负着他们的子女来投奔，哪里用得着自己去种庄稼呢？”

【段意】

这一章相当有名，过去曾把它作为孔子鄙视劳动来批评。实际上，孔子在此所说的是如何治国问题。孔子认为，执政者要抓住大事，具体的事务是有关部门管的，所以是用不到自己去学的。孔子以追求大道为己任，樊迟却向他询问如何种庄稼，说明他对孔子以及孔子日常所讲的道理并不了解，孔子回答说他“不如老农”，已经暗示樊迟问得不恰当，樊迟不能举一反三，继续再问同类的问题，因此孔子很不满意。樊迟退出去后，孔子担心他不能领会自己的意思，所以说了一番道理，意思是让其他弟子去转告他。

13.5 子曰：“诵《诗》三百，授之以政，不达；使于四方，不能专对①。虽多，亦奚以为？”

【注释】

①专对：独立应对。当时在外交场合，大多用《诗》来表达意图。学了《诗》却无法独立应对，说明不能学以致用。

【译文】

孔子说:“读熟了三百篇《诗》,把政务交给他却不通晓,派他出使别国却不能独立应对。即使读得多,又有什么用呢?”

【段意】

此章所说的是学以致用的问题。这里所说的“《诗》三百”是个符号,概指一切有用的知识与道理,当然也包括孔子自己所讲的道理。

13.6 子曰:“其身正,不令而行;其身不正,虽令不从。”

【译文】

孔子说:“自身端正,不发号令就能施行;自身不端正,即使号令也不服从。”

【段意】

此章是说为政必须以身作则,参见本书《颜渊》篇季康子问政章。

13.7 子曰:“鲁卫之政,兄弟也。”

【译文】

孔子说:“鲁国和卫国的政务,犹如是兄弟。”

【段意】

此章是感叹鲁国的政务衰颓,但措辞很巧妙。从表面上看,话说得很客观,因为鲁国的始封者周公与卫国的始封者康叔是兄弟;实际上,当时卫出公以儿子对抗父亲,鲁国的大权则为季氏等三家所攫取,几乎同样不能令人满意。

13.8 子谓卫公子荆①,“善居室。始有②,曰‘苟合矣’;少有,曰‘苟完矣’,富有,曰‘苟美矣’。”

【注释】

①公子荆:卫献公(公元前576—前559年在位)的儿子,字南楚。 ②有:刘宝楠《正义》云:“有者,有财也。”

【译文】

孔子谈到卫公子荆,说他“善于治理家政。刚宽裕一点,就说‘凑合着够了’;稍多一些,就说‘差不多齐备了’;富有时,说‘几乎华美了’。”

【段意】

此章是赞誉公子荆对于享受所抱的恬淡态度,朱熹《集注》引杨氏说云:“务(追求)为全美则累物(被物质所牵累)而骄吝之心生,公子荆皆曰苟而已,则不以外物（外在的事物）为心，其欲易足（欲望容易满足）故也。”

13.9 子适卫，冉有仆[①]，子曰：“庶矣哉[②]！”

冉有曰：“既庶矣，又何加焉？”曰：“富之。”

曰：“既富矣，又何加焉？”曰：“教之。”

【注释】

①仆：为孔子驾车。 ②庶：众多。

【译文】

孔子来到卫国，冉有驾车，孔子说：“百姓真多啊！”

冉有说：“百姓已经众多了，还该干些什么呢？”孔子说：“使他们富有。”

冉有说：“已经富有了，还该干些什么呢？”孔子说：“教育他们。”

【段意】

此章可与本书《颜渊》篇子贡问政章参看。孔子认为，政务诸要素中最根本的是要富国、富民，因为做不到这一点其他任何政措都无从谈起。在教育和武备的关系上，孔子主张教育为重。不教就谈不上取信于民，不教而驱使民众去作战则是不负责任的做法。在孔子看来，民众富庶之后，教育问题更重要，否则就容易滋生骄奢习气（参见本书《学而》篇贫而无谄章）。

13.10 子曰：“苟有用我者，期月而已可也[①]，三年有成。”

【注释】

①期（jī 基）月：朱熹《集注》云：“谓周一岁之月也。”

【译文】

孔子说：“如果有人起用我，不过一年就可粗见成效，三年能有所成就。”

【段意】

此章是孔子感叹自己得不到治国者的信用。据《史记·孔子世家》，这是孔子在卫灵公不能用他时所说。

13.11 子曰：“‘善人为邦百年，亦可以胜残去杀矣’[①]，诚哉是言也！”

【注释】

①胜残去杀：朱熹《集注》云：“胜残，化残暴之人使不为恶也；去杀，谓民化于善，可以不用刑杀也。盖古有是言而夫子称之。”

【译文】

孔子说:"'善人治理国家一百年,就能克服恶行、去除刑戮了',这话真对啊!"

【段意】

此章是说,善政延续的时间长久,其影响也就深厚。再进一步来看,孔子实际是在感叹当时统治者所施仁政不能持久。

13.12 子曰:"如有王者①,必世而后仁②。"

【注释】

①王:此作动词用,意为称王天下。 ②世:古称三十年为一世。

【译文】

孔子说:"如果有称王天下的人,必需三十年才能达成仁德。"

【段意】

治理好一个国家不是一件容易的事,尤其是教化,要有长期的积累才能显示效果。此章可以与以上两章参看。前一章中孔子曾说,如果有人起用他,只要三年就能有所成就,这与此章所说有无矛盾呢?宋代理学家程颐认为,三年有成是指"法度纪纲有成(成就)而化(教化)行也",仁德达成则非三十年不就(朱熹《集注》引)。不过,如果把三年有成看作孔子的愤慨之语,也未尝不可。

13.13 子曰:"苟正其身矣,于从政乎何有?不能正其身,如正人何?"

【译文】

孔子说:"如果端正了自身,治理国政还有什么困难呢?不能端正自身,怎么纠正他人呢?"

【段意】

这章也是说治国要以身作则的问题,参见本书《颜渊》篇季康子问政章。

13.14 冉子退朝①,子曰:"何晏也?"对曰:"有政。"

子曰:"其事也。如有政,虽不吾以②,吾其与闻之。"

【注释】

①朝:朱熹《集注》云:"季氏之私朝也。" ②以:此处是用的意思。"不吾以"即"不以吾"。

【译文】

冉有从官府回来,孔子说:“为什么这样晚啊?”冉有答道:“有政务。”

孔子说:“大概是平常的事务。如有政务,即使不任用我,我大概是会得知的。”

【段意】

冉有此时正在当季氏的家臣,而孔子则已不担任公职了。鲁国大权落入三桓之手后,有些政务是在大夫的家中商议的。根据规定,像孔子那样的退职大夫是能够与闻国政的,所以,孔子听冉有说“有政务”时,因为自己未曾与闻,就知道冉有所说的“政务”只是平常的事务。这虽是一段很平凡的对话,但孔子的寓意很深远,他希望冉有不要忘记公室、国务。

13.15 定公问:“一言而可以兴邦,有诸?”

孔子对曰:“言不可以若是其幾也①。人之言曰‘为君难,为臣不易’,如知为君之难也,不几乎一言而兴邦乎?”

曰:“一言而丧邦,有诸?”

孔子对曰:“言不可以若是其几也。人之言曰‘予无乐乎为君,唯其言而莫予违也’,如其善而莫之违也,不亦善乎?如不善而莫之违也,不几乎一言而丧邦乎?”

【注释】

①幾:通“冀”,期望。

【译文】

鲁定公问:“一句话能使国家兴盛,有这回事吗?”

孔子答道:“话不能寄予如此大的期望,人们说‘做国君难,做臣属不容易’,如果知道做国君的难处,不接近于一句话能使国家兴盛吗?”

鲁定公说:“一句话能使国家灭亡,有这回事吗?”

孔子答道:“话不能寄予如此大的期望,人们说‘我当国君没有什么快乐,只是说话没有人违背’,如果话说得对而没有人违背,不也很好吗?如果话说得不对而没有人违背,不接近于一句话能使国家灭亡吗?”

【段意】

鲁定公的问题提得很肤浅,孔子则借此揭示了防微杜渐的道理。朱熹《集注》引谢氏语谓,如孔子所言,“邦未必(很快)兴丧也,而兴丧之源(根源)分于此。然此非识微之君子,何足以知之”。

13.16 叶公问政,子曰:“近者说,远者来。”

【译文】

叶公询问政务,孔子说:“近处的人快乐,远处的人归附。”

【段意】

孔子来到楚国,叶公向他询问如何治理政务,孔子说了以上这番话。此话貌似平淡,含义却很深远。要使“近处的人快乐,远处的人归附”,凭什么呢?孔子的潜台词是“仁德”。

13.17 子夏为莒父宰①,问政,子曰:“无欲速,无见小利。欲速则不达,见小利则大事不成。”

【注释】

①莒(jǔ 举)父:鲁国城邑名,约在今山东沂南与莒县之间。

【译文】

子夏担任了莒父的长官,询问政务,孔子说:“不要求快,不要只看到小利。求快就达不到目的,只看到小利就不能成就大事。”

【段意】

子夏任职之后,为了尽快见效,有急躁的表现,孔子因而对他说了这番话。

13.18 叶公语孔子曰:“吾党有直躬者①,其父攘羊②,而子证之③。”

孔子曰:“吾党之直者异于是。父为子隐,子为父隐,直在其中矣。”

【注释】

①党:指乡党。直躬:朱熹《集注》云:“直身而行者。” ②攘:朱熹《集注》云:“有因而盗曰攘。”意思是说,因为羊走到自己的家里而将它占为己有。③证:向官府告发。

【译文】

叶公告诉孔子说:“我们乡里有个直率的人,他的父亲偷了羊,他作为儿子而去告发。”

孔子说:“我们乡里的直率的人不是这样做的。父亲为儿子隐瞒,儿子为父亲隐瞒,直率就体现在其中了。”

【段意】

这章也是颇有争议的。孔子所谓的直率,是这样的意思:“子苟有过,父为隐之,则慈也;父苟有过,子为隐之,则孝也。孝慈则忠,忠则直也,故曰‘直在其中矣’”(邢昺《疏》);“父子相隐,天理人情之至(极点)也,故不求为直而直在其中”(朱熹《集注》)。孔子认为,行为问题不能孤立的来看,必须结合伦理关系来界定是否得当。如果在一般情况下是对的行为,特殊场合有损于伦理,那么就要采取不同往常的处理方法。这里所谓的“隐”,就是其中之一。例如,孔子对于鲁君的错误就不公开批评(见本书《八佾》篇或问禘之说章、《述而》篇陈司败问昭公知礼乎章)。其次,还要考虑到孔子说这番话的环境,因为孔子的许多论述都依人、依境而异。叶公在此实际是楚文化的代表,当时,楚国正以强有力的姿态争霸中原,作为孔子这样的人,对此显然是抱抵触情绪的(当时中原地区把楚国看作蛮夷)。因此,他在与叶公谈到行为问题时,强调在自己的文化中是要讲伦理的,不单凭行为本身来界定,借此抑低叶公所处的文化。

13.19 樊迟问仁,子曰:“居处恭①,执事敬,与人忠②。虽之夷狄,不可弃也。”

【注释】

①居处恭:日常起居恭谨而不放肆。 ②与人:对待他人。

【译文】

樊迟询问仁,孔子说:“平时端庄,办事认真,与人交往真诚。即使到了边地蛮族那儿,也不能丢弃这几条。”

【段意】

此章是说仁德的行为。樊迟曾三次向孔子询问仁,另两次分别见于本书《雍也》、《颜渊》篇,可参看。

13.20 子贡问曰:“何如斯可谓之士矣?”子曰:“行己有耻①,使于四方不辱君命,可谓士矣。”

曰:“敢问其次。”曰:“宗族称孝焉,乡党称弟焉。”

曰:“敢问其次。”曰:“言必信,行必果,硁硁然小人哉②!抑亦可以为次矣。”

曰:“今之从政者何如?”子曰:“噫!斗筲之人③,何足算也?”

【注释】

①行己:自己的行为。 ②硁硁(kēng 坑):朱熹《集注》云:"小石之坚确者。"喻指行为固执。 ③斗筲(shāo 烧):斗是量器,筲是饭筐,喻指气量与见识狭小。

【译文】

子贡问道:"怎样才能称为士呢?"孔子说:"对自己的行为有羞耻之心,出使他国能不辜负国君的任命,能称为士了。"

子贡说:"请问比这差一等的。"孔子说:"宗族称赞他孝顺,乡里称赞他友爱。"

子贡说:"请问比这差一等的。"孔子说:"说话必定诚实可信,行为必定坚决果断。这是固执的小人呀!但也能算是差一等的士了。"

子贡说:"现在的从政的人怎么样呢?"孔子说:"咳!这种见识狭小的人怎么能算得上呢?"

【段意】

此章是孔子对于士人行为准则的阐述。"士"是我国传统社会中的一个特殊阶层,古代士人的基本特质与行为准则,和近代西方文化中的知识分子很接近,学者们公认,这一传统是由孔子开创和奠定的。在商周时代,士本是贵族中的下层,到了春秋时代,由于"礼崩乐坏"的变动,士阶层成了贵族与平民的交汇点,较多地保存了传统的文化遗产。孔子就生活在这个时代,他本人就是士阶层的一员。他在士阶层兴起的关键时刻,确认了士是大道承担者的角色(本书《里仁》篇士志于道章),并付诸实践,具有重大的历史功绩。

13.21 子曰:"不得中行而与之,必也狂狷乎[①]!狂者进取,狷者有所不为也。"

【注释】

①狂狷:朱熹《集注》云:"狂者,志极高而行不掩;狷者,知未及而守有余。"

【译文】

孔子说:"得不到行为中庸的人交往,必然要与狂狷之人相交了。狂者激进,狷者有的事情不肯做。"

【段意】

孔子感叹时人的行为都不符合中庸,孟子对这一章有论述,谓"孔子岂不欲中道哉?不可必得,故思其次也"(见《孟子·尽心》)。

13.22 子曰:“南人有言曰:‘人而无恒,不可以作巫医。’善夫!”

“不恒其德,或承之羞。”子曰:“不占而已矣[①]。”

【注释】

①不占而已矣:朱熹认为,这一句上面的“子曰”是为了与《易》爻辞有所区别而加,其实与前面的话是同时讲的。并认为,这句话的含义不详。现在仅按字面译出。

【译文】

孔子说:“南方人说:‘人没有恒心,不能担任巫师和医士。’说得好啊!”

《易·恒》的爻辞说:“不保持德行,就可能招致羞辱。”孔子说:“这是毋须占卜的。”

【段意】

此章是说,干任何事情都要有恒心。在儒家看来,巫师和医士是不能与君子行道同日而语的,但即便是这样的“贱役”,孔子认为没有恒心也是干不成的。

13.23 子曰:“君子和而不同[①],小人同而不和。”

【注释】

①和而不同:朱熹《集注》云:“和者,无乖戾之心;同者,有阿比之意。”按,此处的“和”应释为和谐。

【译文】

孔子说:“君子和谐而不结党,小人结党而不和谐。”

【段意】

此章也是讲君子、小人的不同行为。君子以义相合,不必去结党营私;小人以利相交,不能够和谐处事(见朱熹《集注》引尹氏语)。

13.24 子贡问曰:“乡人皆好之,何如?”子曰:“未可也。”

“乡人皆恶之,何如?”子曰:“未可也。不如乡人之善者好之,其不善者恶之。”

【译文】

子贡问道:“乡里人都称赞他,怎么样啊?”孔子说:“不能肯定。”

子贡说:“乡里人都厌恶他,怎么样啊?”孔子说:“不能肯定。倒不如乡里的善人称赞他,乡里的恶人厌恶他。”

【段意】

此章是说如何正确对待公论。孔子认为,人人都称赞或厌恶是不足以做出判断的,因为人群中良莠混杂,所以,必须是善人称赞、恶人厌恶才能有定论。

13.25 子曰:“君子易事而难说也,说之不以道不说也,及其使人也器之;小人难事而易说也,说之虽不以道说也,及其使人也求备焉。”

【译文】

孔子说:“君子容易事奉而难以使他高兴,不用正当的方式来使他高兴是不会高兴的,到了他用人的时候却量才录用;小人难以事奉而容易使他高兴,不用正当的方式来使他高兴是会高兴的,到了他用人的时候却求全责备。”

【段意】

儒家认为,君子与小人的存心不同,君子出于公心而待人宽恕,小人出于私心而待人忌刻,所以他们对人的态度也大不一样。

13.26 子曰:“君子泰而不骄,小人骄而不泰。”

【译文】

孔子说:“君子安详而不骄横,小人骄横而不安详。”

【段意】

这章是说君子与小人神态的不同,朱熹《集注》云:“君子循理,故安舒而不矜肆。小人逞欲,故反是。”

13.27 子曰:“刚、毅、木、讷近仁。”

【译文】

孔子说:“刚强、果敢、朴实、谨慎,接近于仁。”

【段意】

孔子认为,上述这些品行接近于仁,也就是说,具备这些品行,就具备了成就仁德的良好基础。

13.28 子路问曰:“何如斯可谓之士矣?”

子曰:“切切偲偲[①]、怡怡如也[②],可谓士矣。朋友切切偲偲,兄弟怡怡。”

【注释】

①切切偲偲(sī思):何晏《论语集解》引马融说云:“相切责之貌。”意为相互切磋、勉励的意思。　②怡怡:和顺友好的样子。

【译文】

子路问道:“怎样才能称为士呢?”

孔子说:“相互勉励、和睦共处,能够称为士了。朋友之间相互勉励,兄弟之间和睦共处。”

【段意】

此章是说,士不是一种自然身份,而是某种道德上的要求(参见本篇孔子与子贡谈士行章)。朱熹《集注》引胡氏说认为,孔子所说的同时也是针对了子路的不足之处,并恐怕他混淆了施行的对象,又具体地告诉他两者有朋友、兄弟之分。

13.29　子曰:“善人教民七年,亦可以即戎矣①。”

【注释】

①即戎:类似于现在所谓的上战场。

【译文】

孔子说:“善人教育民众七年,也能够进行作战了。”

【段意】

这里所谓的“七年”是约数。孔子的意思是说,民众懂得了忠孝大义,就具备了明确的作战目的,不再是乌合之众了。

13.30　子曰:“以不教民战,是谓弃之。”

【译文】

孔子说:“用未经训练的民众去作战,这叫做抛弃他们。”

【段意】

此处所谓的“训练”,包括两个方面,既是说技术上的训练,也涵有道义上的教导。孔子认为,对民众不加训练就要他们去作战,是不负责任的做法。

宪问第十四

14.1 宪问耻，子曰："邦有道，谷；邦无道，谷，耻也。"

"克、伐、怨、欲不行焉，可以为仁矣？"子曰："可以为难矣[①]，仁则吾不知也。"

【注释】

①为：通谓。

【译文】

原宪询问耻，孔子说："国家清平时领取俸禄，当国家无道时仍然领取俸禄，就是耻。"

原宪说："好胜、自夸、怨恨、贪欲的行为不去做，能算是仁了吗？"孔子说："能算是难得了，是否仁我就不知道了。"

【段意】

孔子的意思是说，作为朝廷的官员，既不能在国家沦为无道过程中有所匡救，又不能面临无道而洁身隐退，这就是最大的耻辱。据《史记·仲尼弟子列传》记载，原宪在孔子死后过着贫困的隐居生活，身膺富贵的子贡去看望他，"宪摄（穿着）敝衣冠见子贡，子贡耻之（嘲笑他）曰：'夫子岂病（困窘）乎？'原宪曰：'吾闻之，无财者谓之贫，学道而不能行者谓之病。若宪，贫也，非病也。'子贡惭，不怿（很不高兴）而去，终身耻（羞愧）其言之过（过失）也。"可见，原宪是一直把孔子的教诲铭记在心的。下半章谈仁，其意义在本书前几篇中已多次谈及，此处就不再重复了（朱熹《集注》将下半章另分为一章）。

14.2 子曰："士而怀居[①]，不足以为士矣。"

【注释】

①居：安居，概指一切安乐享受。

【译文】

孔子说："作为士而留恋安乐，就不足以成为士了。"

【段意】

孔子认为，作为士，应该留恋大道而不是安乐，否则就不足以成为士。参见本书《子路》篇子贡与孔子谈士章。

14.3 子曰："邦有道，危言危行①；邦无道，危行言孙②。"

【注释】

①危：《广雅·释诂》："危，正也。" ②孙：同"逊"。

【译文】

孔子说："国家清平，说话正直、行为正直；国家无道，行为正直、说话谦逊。"

【段意】

作为君子，立场观点应该始终如一，但言语行为则可因时势而调适，其目的是为了避免无谓的灾祸。

14.4 子曰："有德者必有言，有言者不必有德。仁者必有勇，勇者不必有仁。"

【译文】

孔子说："有德行的人必定会讲理，会讲理的人不一定有德行。仁者必定勇敢，勇敢的人不一定有仁德。"

【段意】

此章的道理在本书前几篇中已多次讲到。孔子的弟子们常常具体地向孔子询问什么是仁德、什么是君子，他们所提到的行为有的确实是君子或仁德的表现，但并不意味着具有这些表现的就一定属于君子或仁德。此章就把其中的道理讲得很明显。

14.5 南宫适问于孔子曰："羿善射、奡荡舟①，俱不得其死然；禹、稷躬稼而有天下。"夫子不答。

南宫适出，子曰："君子哉若人！尚德哉若人！"

【注释】

①羿（yì 义）：传说中夏代东夷族的首领，善于射箭。曾一度夺取夏的王位，因不恤民众而被部众杀死。奡（áo 傲）：亦作"浇"，传说中夏代东夷族首领寒浞的

儿子，有勇力。寒浞夺取夏王位后，封他为诸侯，夏王族复国后被诛灭。荡舟：前人大多认为是指能“陆地行舟”，顾炎武《日知录》认为，还兼有善于冲锋陷阵的意思。

【译文】

南宫适问孔子说：“羿擅长射箭、奡能陆地行舟，都不得好死；禹、后稷亲自种地却得到了天下，为什么呢？”夫子不回答。

南宫适退了出去，孔子说：“这个人真是君子啊！这个人真崇尚德行啊！”

【段意】

南宫适的问题提得很有深意，其内在含义是把当世的有权力者比作羿、奡，而把孔子比作禹、后稷。孔子不愿意自我褒扬，所以不回答他的问题，但对他崇尚德行的品德是赞赏的，因此又在他出去后表扬了他。

14.6 子曰：“君子而不仁者有矣夫，未有小人而仁者也。”

【译文】

孔子说：“作为君子而不仁的人是有的，但从未有作为小人而仁的人。”

【段意】

此章是讲君子与小人的不同。区分君子、小人，不能单看一时一事，必须论及全体，正如有句外国格言所说：“鹰有时可能比鸡飞得低，但是鸡却永远飞不到鹰那么高。”

14.7 子曰：“爱之，能勿劳乎？忠焉，能勿诲乎？”

【译文】

孔子说：“爱护他，能不使他勤劳吗？忠于他，能不去规劝他吗？”

【段意】

真诚的爱心、忠心与溺爱、愚忠是不同的，朱熹《集注》引苏氏语云：“爱而勿劳禽犊之爱也；忠而勿悔，妇寺之忠也。爱而知劳之，则其为爱也深矣；忠而知诲之，则其为忠也大矣。”

14.8 子曰：“为命①，裨谌草创之②，世叔讨论之③，行人子羽修饰之④，东里子产润色之⑤。”

【注释】

①命：此指外交文书。　②裨谌（chén 臣）：他与以下提到的这几个人都是

郑国的大夫。草创:起草初稿。 ③讨论:审议 ④行人:主管外交的官员。一说,它是子羽的复姓。行人子羽即公孙挥。修饰:指修改。 ⑤东里:子产的乡里,一说是子产的复姓。

【译文】

孔子说:"郑国制定文书,由裨谌起草,世叔研究后提出意见,行人子羽修改,最后由子产润色定稿。"

【段意】

郑国在春秋初年曾一度强盛,后来衰落。由于它地处南北交争的要道上,所以如何处理好外交事务就成了治国的关键。在子产当政时,起用贤人,政务很有起色。孔子在此章中所赞誉的正是这一点。

14.9 或问子产,子曰:"惠人也。"

问子西①,曰:"彼哉,彼哉!"

问管仲,曰:"人也。夺伯氏骈邑三百②,饭疏食,没齿无怨言③。"

【注释】

①子西:楚国的令尹公子申。 ②伯氏:齐国大夫,皇侃《论语义疏》说他名偃。骈邑:地名,据后人考证,约在今山东临朐境内。当时是伯氏的采邑。 ③没(mò莫)齿:喻终身。

【译文】

有人询问子产,孔子说:"能施恩惠的人。"

询问子西,孔子说:"他啊,他啊!"

询问管仲,孔子说:"这个人夺走了伯氏骈邑三百户的采地,伯氏吃着粗粮,到死也没有怨言。"

【段意】

此章中所提及的子产、子西、管仲分别是郑国、楚国、齐国的国相(一说子西是郑国的大夫)。孔子对于子产是颇有好感的,据《左传·昭公二十年》记载,子产去世时,孔子曾流着眼泪赞叹说他是"古之遗爱者"(孟子对于子产"能施恩惠"这一点却有不同看法,认为他是"惠而不知为政",见《孟子·离娄》子产听郑国之政章)。子西在治国方面有贤行,但也有缺点,尤其是他曾阻止楚昭王任用孔子,所以孔子对他的评价很难说(容易被人误解),只能说"他啊,他啊"。管仲当政后,齐桓公曾把伯氏骈邑三百户的采地给了管仲,"伯氏自知已罪而心服管仲之功,故穷约以终身而无怨言"(朱熹《集注》)。孔子用这个例子说明管仲治国有功绩。孔子对于管仲,有赞誉也有批评(见本书《八佾》篇),这里主要是从国相的角度来评论的，所以持肯定的态度。

14.10 子曰："贫而无怨难，富而无骄易。"

【译文】

孔子说："贫困而不抱怨很困难，富有而不傲慢却容易。"

【段意】

此章是说对于贫富处境的态度。处富易，处贫难；富而不傲易，贫而无怨难，而尤为难能的是安贫乐道、富而好礼（见本书《雍也》篇贤哉回也章、《学而》篇贫而无谄章）。

14.11 子曰："孟公绰为赵、魏老则优[①]，不可以为滕、薛大夫[②]。"

【注释】

①孟公绰：鲁国大夫。老：当时称大夫的家臣为老、室老。 ②滕：西周初分封的诸侯国，地在今山东滕县西南，公元前414年为越所灭。薛：西周初分封的诸侯国，地在今山东滕县东南，战国初年为齐所灭。

【译文】

孔子说："孟公绰当赵氏、魏氏的家臣力有余裕，但不能当滕国、薛国的大夫。"

【段意】

孟公绰持身清廉，却短于才干。赵氏、魏氏是晋国的世族，家臣的事务不多，由孟公绰这样的人来担任力有余裕；滕、薛虽是小国，大夫的事务却很繁忙，孟公绰就不能胜任了。孔子的意思是说，用人不仅要注重德行，还要顾及才干，否则也是不能胜任的。孔子的这一观点，人们很少注意。

14.12 子路问成人[①]，子曰："若臧武仲之知[②]、公绰之不欲、卞庄子之勇[③]、冉求之艺，文之以礼乐，亦可以为成人矣。"曰："今之成人者何必然？见利思义，见危授命，久要不忘平生之言[④]，亦可以为成人矣。"

【注释】

①成人：朱熹《集注》云："犹言全人。" ②臧武仲：鲁国大夫臧孙纥，"武"应是他的谥号。 ③卞庄子：鲁国的卞邑大夫，以勇武著名。 ④久要：相隔很久。

【译文】

子路询问德才兼备的完人,孔子说:"像臧武仲那样明知、孟公绰那样廉洁、卞庄子那样勇敢、冉求那样才艺,用礼乐来加以文饰,也能算是德才兼备的完人了。"孔子又说:"现在的完人何必如此呢?见到利益能想到大义,遇到危难就献出生命,相隔很久不忘记过去的诺言,也能算是德才兼备的完人了。"

【段意】

"完人"与儒家思想有密切的联系,儒家推崇的上古圣人被描绘成完人,他们所追求的"君子"标准从某种意义上来说也是完人。子路向孔子询问完人,这个问题却不容易回答。子路的要求显然是要得知具体的某个完人,而对他来说上古的圣人又离他太远,不具备榜样的作用,于是孔子列举了子路熟悉的一些人物的长处,以使子路有个具体的印象。然而,过高的要求也是不切实际的,因此,孔子又讲了当今时世能称得上完人的要求。

14.13 子问公叔文子于公明贾曰①:"信乎,夫子不言,不笑,不取乎?"

公明贾对曰:"以告者过也。夫子时然后言,人不厌其言;乐然后笑,人不厌其笑;义然后取,人不厌其取。"

子曰:"其然?岂其然乎?"

【注释】

①公叔文子:名拔,卫献公(前576—前559年在位)的孙子,"文"是他的谥号。公明贾(gǔ 古):卫国人,名贾。

【译文】

孔子向公明贾询问公叔文子说:"这位夫子不言、不笑、不取,是真的吗?"

公明贾答道:"是告诉你的人说错了。这位夫子该说时才说,别人不讨厌他的话;快乐时才笑,别人不讨厌他的笑;该取时才取,别人不讨厌他获取。"

孔子说:"是这样吗?真是这样吗?"

【段意】

《礼记·檀弓》有关于公叔文子的一段记载,可与此章参看:"公叔文子卒,其子戍请谥于君,……君曰:'昔者卫国凶饥,夫子为粥与(给予)国之饿者,是不亦惠乎!昔者卫国有难,夫子以其死卫(保卫)寡人,不亦贞乎!夫子听卫国之政,修(整饬)其班制(敬卑的秩序)以与四邻交(交往),卫国之社稷不辱(不受耻辱),不亦文乎!故谓夫子贞惠文子。'"由此可见,公叔文子够得上是一位贤者了。朱熹认为，公明贾对公叔文子的颂扬可能有过头的地方，但孔子与人为善，“不欲正言其非也”，所以说：“是这样吗？真是这样吗？”（《集注》）

14.14 子曰：“臧武仲以防求为后于鲁①，虽曰不要君，吾不信也。”

【注释】

①防：地名，在今山东费县东北，当时是臧孙纥的封地。为后：为他确立封爵继承人。

【译文】

孔子说：“臧武仲凭借封地要求鲁国为他立后，虽然说不要挟国君，我是不相信的。”

【段意】

臧孙纥因受到他人陷害，打算出奔他国。在离去之前，他回到自己的封地，要求鲁国为他确立封爵继承人，摆出了要求得不到满足就要据封地进行反抗的架势，他的请求因此得到了准许。孔子认为，这种行为实际上是要挟国君。这种注重“大义”的评判观点，在据说由孔子编定的《春秋》中是贯穿始终的，《史记·孔子世家》谓：“《春秋》之义行，则天下乱臣贼子惧焉”；“弟子受《春秋》，孔子曰：‘后世知（了解）丘者以（由于）《春秋》，而罪（怪罪）丘者亦以《春秋》。’”

14.15 子曰：“晋文公谲而不正①，齐桓公正而不谲②。”

【注释】

①晋文公：晋国国君，名重耳，晋献公的儿子，公元前636—前628年在位，他在位期间，整顿内政，增强国力，帮助周王室平定内乱，并在城濮之战中打败楚军，被中原诸侯尊为霸主。　②齐桓公：齐国国君，名小白，齐襄公的弟弟，公元前685—前643年在位。他继位后，任用管仲为国相，改革政治，以“尊王攘夷”为号召，多次打退少数民族对中原的侵扰，安定了周王室的统治，成为春秋时代第一个霸主。

【译文】

孔子说：“晋文公诡诈而不正直，齐桓公正直而不诡诈。”

【段意】

齐桓公、晋文公是春秋时代最初的两位霸主，“春秋五霸”的排名有多家，但他们两位是必有的。他们虽然都以“尊王”的旗号称霸诸侯，但行事却略有不同。同样是与楚国交兵，齐桓公是堂堂之师，并责以“贡包茅不入（不进贡酿造祭祀用酒的包茅草)"的大义;晋文公则采用了诡谲手段,毫无尊王的饰词,在对待周天子的问题上,齐桓公还勉强能尊守君臣礼节,晋文公则把周天子召来参加自己主持的盟会。因此,孔子对他们两人下了以上的评语。

14.16 子路曰:"桓公杀公子纠①,召忽死之,管仲不死,曰未仁乎?"

子曰:"桓公九合诸侯不以兵车,管仲之力也。如其仁②,如其仁!"

【注释】

①公子纠:齐桓公的哥哥。齐襄公在位时,齐国内乱,他和后来的桓公小白分别在管仲、召忽和鲍叔牙的护卫下逃到莒国和鲁国。齐襄公死后,小白用计先返回齐国继承了君位,然后派兵逼迫鲁国杀了公子纠。召忽为此而自杀,管仲被鲁人押送回国,经鲍叔牙的举荐,当上了国相。 ②如其仁:朱熹《集注》云:"言谁如其仁者,又再言以深许之。"有人认为,是"这就是管仲的仁"之意。

【译文】

子路说:"齐桓公杀了公子纠,召忽为此而死,管仲却不去死,能说他不具备仁吗?"

孔子说:"齐桓公多次与诸侯会盟而不凭借武力,这是管仲的功劳。谁有这样的仁德啊,谁有这样的仁德啊!"

【段意】

孔子评判人物,既注意个人品行,也顾及历史功绩。这一点在对管仲的评价上体现得最典型。孔子对于管仲个人的德行并不赞同(见本书《八佾》篇),但对他辅佐齐桓公"尊王攘夷"的事功则予以充分的肯定,以致给以不轻易许人的"仁"的评语。

14.17 子贡曰:"管仲非仁者与?桓公杀公子纠,不能死,又相之。"

子曰:"管仲相桓公霸诸侯,一匡天下①,民到于今受其赐。微管仲,吾其被发左衽矣②。岂若匹夫匹妇之为谅也③,自经于沟渎而莫之知也④?"

【注释】

①一匡天下:朱熹《集注》云:"匡,正也。" ②被发左衽:被,同"披";衽,指

衣襟。中原民族的风俗是束发、衣襟右开,少数民族则披发、衣襟左开。喻指沦为未开化的少数民族。　③谅:朱熹《集注》云:"小信也。"　④自经:自缢。

【译文】

子贡说:"管仲不是仁者吧?齐桓公杀了公子纠,他不能去死,还辅佐桓公。"

孔子说:"管仲辅佐桓公称霸诸侯,把天下纳入了正轨,民众到如今还受到他的好处。没有管仲,我辈大概要沦为野蛮人了。他难道会像普通人那样恪守小节,在山沟里自杀而不为人知吗?"

【段意】

参见上章。

14.18　公叔文子之臣大夫僎与文子同升诸公,子闻之曰:"可以为文矣①。"

【注释】

①为文:被称为文,指谥为文。

【译文】

公叔文子的家臣大夫僎与公叔文子同样升任大臣,孔子得知后说:"公叔能够被称为文了。"

【段意】

举荐自己的家臣与自己同朝为臣,在当时是比较少见的。有人指出:"家臣之贱(卑贱)而引(推荐)之使与己并(地位相当),有三善焉:知人,一也;忘己,二也;事君,三也。"(朱熹《集注》引洪氏语)

14.19　子言卫灵公之无道也①,康子曰②:"夫如是,奚而不丧?"

孔子曰:"仲叔圉治宾客③,祝鮀治宗庙,王孙贾治军旅,夫如是,奚其丧?"

【注释】

①卫灵公:名元,卫襄公的庶子,公元前534—前493年在位。　②康子:季康子。　③仲叔圉:即本书《公冶长》篇中提到的孔文子。

【译文】

孔子说起卫灵公的无道,季康子说:"既然如此,他为何没有败亡呢?"

孔子说:"有仲叔圉接待宾客,祝鮀管理祭祀,王孙贾整治军队,像这样,怎么会败亡呢?"

【段意】

此章与本篇谈论郑国政务那一章的含义相同，都是肯定贤人对于治国的重要性。国君虽然昏愦，但由于有贤臣经营实际事务，国家能不至于败亡，如果是明君再加上贤臣，其成就更是不可估量了。

14.20 子曰："其言之不怍，则为之也难。"

【译文】

孔子说："如果大言不惭，那么实行起来就很困难。"

【段意】

此章是说言语必须谨慎。

14.21 陈成子弑简公①，孔子沐浴而朝②，告于哀公曰："陈恒弑其君，请讨之。"公曰："告夫三子③。"

孔子曰："以吾从大夫之后，不敢不告也，君曰'告夫三子'者！"

之三子告，不可。孔子曰："以吾从大夫之后，不敢不告也。"

【注释】

①陈成子：齐国大夫田恒（恒亦作"常"；因其祖先陈完逃奔齐国而改姓田，故亦姓田），成是他的谥号。简公：齐国国君，名壬，公元前484—前481年在位。②沐浴：斋戒沐浴，以示慎重。 ③三子：指当时执掌大权的季孙氏、叔孙氏、孟孙氏。

【译文】

陈成子谋害了齐简公，孔子特地沐浴上朝，报告鲁哀公说："陈恒谋害了他的国君，请讨伐他。"哀公说："报告三位大夫。"

孔子说："因为我曾经担任过大夫，所以不敢不来报告，国君却说'报告三位大夫'！"

于是向三位大夫报告，他们不同意讨伐。孔子说："因为我曾经担任过大夫，所以不敢不来报告。"

【段意】

此事发生在鲁哀公十四年（前481），当时孔子已致仕（退休）家居，为此特地上朝请命。在孔子看来，臣属谋害君上是大逆不道，必须加以讨伐来伸张正义。其时鲁国的大权掌握在三桓手中，因此鲁哀公不敢自作主张，连自己的态度都不作表示，叫孔子去直接向他们报告。三桓与陈成子声气相通，报告的结果是显而易见的，孔子感到非常失望。两年之后，他就与世长辞了。

14.22 子路问事君，子曰："勿欺也，而犯之。"

【译文】

子路询问事奉君主，孔子说："不要欺骗他，但要冒犯他。"

【段意】

此章是说事奉君主的态度。所谓"冒犯"是指对君主的不当言行进行劝谏。对子路来说，"冒犯"并非难事，所以孔子把它放在后面说。

14.23 子曰："君子上达，小人下达。"

【译文】

孔子说："君子向上进步，小人向下沦丧。"

【段意】

此章是说君子和小人的不同表现。朱熹说："君子循（遵循）天理，故日进乎高明；小人殉（追求）人欲，故日究（归结）乎污下。"（《集注》）

14.24 子曰："古之学者为己，今之学者为人。"

【译文】

孔子说："古时候的学者为提高自己而学，现在的学者为向他人表现而学。"

【段意】

此章是说两种不同的治学态度。这两种态度不仅当时存在，后世依然存在。

14.25 蘧伯玉使人于孔子①，孔子与之坐而问焉，曰："夫子何为？"对曰："夫子欲寡其过而未能也。"

使者出，子曰："使乎！使乎！"

【注释】

①蘧伯玉：卫国大夫，名瑗，伯玉是他的字。孔子在流亡卫国时曾客居他家。

【译文】

蘧伯玉派人去拜访孔子，孔子与来人同坐而询问他说："夫子在干什么啊？"那人答道："夫子想减少自己的过错但还没能做到。"

那人退出后，孔子说："好使者！好使者！"

【段意】

蘧伯玉是卫国的大夫,孔子在流亡卫国时曾客居他家。蘧伯玉派人问候孔子,当孔子问起蘧伯玉的近况时,来人答得很谦逊,却又实事求是地体现了蘧伯玉严于自律的处世态度。朱熹说:“使者之言愈自卑约,而其主之贤益彰,亦可谓深知君子之心而善于辞令者矣”(《集注》),所以孔子要夸奖他是好使者。

14.26　子曰:“不在其位,不谋其政。”

曾子曰:“君子思不出其位。”

【译文】

孔子说:“不在这个职位上,就不谋划它的政务。”

曾子说:“君子的思虑不越出自己的职位。”

【段意】

此章孔子的话已见本书《泰伯》篇,曾子的话则是对此的说明。

14.27　子曰:“君子耻其言而过其行[①]。”

【注释】

①而:皇侃《论语义疏》和日本的足利本《论语》此字均作“之”。

【译文】

孔子说:“君子感到羞耻的是言谈不符合自己的行为。”

【段意】

此章是说,言行相符是君子最基本的德行。

14.28　子曰:“君子道者三,我无能焉:仁者不忧,知者不惑,勇者不惧。”

子贡曰:“夫子自道也。”

【译文】

孔子说:“君子的准则有三项,我都没能做到:仁者不忧愁、知者不疑惑、勇者不惧怕。”

子贡说:“这正是夫子的自我写照。”

【段意】

此章是说,君子必须具备仁、知、勇三项品质。

14.29 子贡方人[1],子曰:"赐也贤乎哉!夫我则不暇。"

【注释】

①方人:郑玄《论语注》作"谤人",郑注云:"谓言人之过恶。"清代学者卢文弨认为,作"方"字的是古文《论语》。

【译文】

子贡议论他人,孔子说:"你真有才能啊!我就没有闲工夫。"

【段意】

孔子并不是全然否定议论他人,而是不主张把主要精力放在这上面,议论他人的目的是弄清是非,进一步提高自身的修养。孔子对门徒的批评,在一般情况下总是既温和又严厉,而且常常归结于自我批评,这种做法是很值得后人体味的。

14.30 子曰:"不患人之不己知,患其不能也。"

【译文】

孔子说:"不要担心别人不了解自己,要担心自己没有本领。"

【段意】

孔子曾多次谈到在不为他人所了解时应取什么态度,都落实在加强自身修养上。从这个问题上,充分体现了孔子学说中强调自我修养、要求严格约束自己的特点。此外,从孔子多次谈及这一问题也可看出,他对于正确对待它的重视。正如孔子在本篇的另一章中所说,他有他的难处:他要在世风日下的社会上推行大道,就不可能为他人所了解。对此,只有通过加强自身、提高本领来改善。

14.31 子曰:"不逆诈,不亿不信,抑亦先觉者[1],是贤乎!"

【注释】

①先觉:事先发觉。

【译文】

孔子说:"不逆料他人欺诈,不猜度他人不诚实,可是也能事先发觉,这就贤能了!"

【段意】

此章是主张以宽厚的态度对待他人,不事先安下个"防人之心"来与他人相处。这样做可能是会有缺陷的,孔子也觉察到了,他把希望寄托在自身的"贤明"上。对此,后世的学者颇有议论,有人认为,如果不能事先发觉他人的诈伪,"卒为小人所罔，斯亦不足观也已”（朱熹《集注》引杨氏语）。明代人所作的《菜根谭》说得更直接：“‘害人之心不可有，防人之心不可无’，此戒疏于虑者；‘宁受人之欺，毋逆人之诈’，此警伤于察者。二语并存，精明而浑厚矣。”

14.32 微生亩谓孔子曰①：“丘何为是栖栖者与②？无乃为佞乎？”

孔子曰：“非敢为佞也，疾固也。”

【注释】

①微生亩：朱熹《集注》云：“微生，姓；亩，名。亩名呼夫子而辞甚倨，盖有齿德而隐者。” ②栖栖：忙忙碌碌的样子。

【译文】

微生亩对孔子说：“丘啊，你为何如此忙忙碌碌呢？该不是为了讨好别人吧？”

孔子说：“我并非敢讨好别人，是憎恶世人的固执。”

【段意】

微生亩大概是个年长的隐士，他认为孔子没有必要如此忙碌，所以提出这样的问题。孔子坚持“知其不可而为之”的行道主张，但在答辞上十分审慎谦恭。

14.33 子曰：“骥不称其力①，称其德也②。”

【注释】

①骥：指千里马。 ②德：朱熹认为，此处的“德”是指马匹调教良好。

【译文】

孔子说：“所谓千里马，不是称道它的膂力，是称道它的德行。”

【段意】

此章是孔子的“千里马观”。当然，孔子的本意不全在说马，他是借说马而批评重力不重德的时尚。

14.34 或曰：“以德报怨，何如？”

子曰：“何以报德？以直报怨，以德报德。”

【译文】

有人说：“以恩德来回报怨恨，怎么样啊？”

孔子说：“那用什么来回报恩德呢？要以正直来回报怨恨，以恩德来回报恩德。”

【段意】

“以德报怨”之说见于《老子》六十三章(原文为“报怨以德”),故此章也可看作孔子对老子学说的一种批评。老子主张以德报怨的目的是调和矛盾,自处于柔弱的地位。从敦厚的角度来看,这样做也未尝不可,但正如孔子所说,在回报恩德的问题上就不能平衡了,所以,孔子主张应以正直来回报怨恨。

14.35 子曰:“莫我知也夫!”

子贡曰:“何为其莫知子也?”子曰:“不怨天,不尤人,下学而上达,知我者其天乎!”

【译文】

孔子说:“没有人了解我啊!”

子贡说:“为什么没有人了解老师呢?”孔子说:“不抱怨上天,不责备他人,学习切身的知识而通达天理,了解我的大概是上天了!”

【段意】

此章也是谈不为人所了解的问题。孔子并没有正面回答子贡的问题,只是表明自己的态度是不怨天尤人。孔子的意思很明确,原因不能到他人身上去找,而应该加强自身的修养。至于说“了解我的大概是上天”,则是对子贡不当提问的批评。宋代学者程颐说:“学者须守下学上达之语,乃学之要。盖凡下学人事,便是上达天理。然习而不察,则亦不能上达矣。”(朱熹《集注》引)

14.36 公伯寮愬子路于季孙①,子服景伯以告②,曰:“夫子固有惑志于公伯寮,吾力犹能肆诸市朝③。”

子曰:“道之将行也与,命也;道之将废也与,命也,公伯寮其如命何?”

【注释】

①公伯寮:鲁国人,名寮,字子周。孔子的弟子。愬:同“诉”。 ②子服景伯:鲁国大夫,名何。 ③肆诸市朝:当众处死。市朝,指市场和朝堂,是古代公开处决犯人的地方。

【译文】

公伯寮向季孙毁谤子路,子服景伯把此事告诉了孔子,说:“季孙已经听信了公伯寮的话,但我的力量还能使他陈尸街头。”

孔子说:“大道将会施行是命运,大道将会废弃是命运,公伯寮能把命运怎么样呢？”

【段意】

当时公伯寮和子路都在季孙氏手下为臣，子服景伯对于子路遭受毁谤感到十分不平，想用强硬手段来解决。孔子不赞成用这种方式来处理同门弟子的矛盾，这首先是因为子路一贯秉性刚强，如果默许了子服景伯的做法，不啻火上浇油；其次，孔子对于非重大原则性的是非问题，一般不主张用武力。所以，他把事情归之于命运，借此来开导子服景伯、安抚子路、警戒公伯寮。据清代学者崔述的考证，这件事发生在孔子担任鲁国司寇时，“盖孔子为鲁司寇，子路为季氏宰，实相表里，子路见疑即孔子不用之由，然则伯寮之愬当在孔子将去鲁之前也”（《洙泗考信录》卷二）。

14.37　子曰：“贤者辟世，其次辟地，其次辟色，其次辟言。”子曰：“作者七人矣。”

【译文】

孔子说：“贤者避世隐居，其次是避开地方，其次是避开见面，再其次是避开言谈。”

孔子说：“这样做的人有七个了。”

【段意】

孔子赞同君子在不能行道的情况下避世隐居，他也多次谈到过这一观点，在此，他列举了避世的四种方式。宋代理学家程颐说：“四者虽以大小次第言之，然非有优劣也，所遇（遭遇）不同耳。”（朱熹《集注》引）孔子所谓这样做的七个人，后人有多种说法，难以确指，恐怕孔子只是泛言多人的意思。有人认为，此章及以下两章与道家的思想比较接近，可能不一定是孔子的言论。

14.38　子路宿于石门①，晨门曰②：“奚自？”子路曰：“自孔氏。”曰：“是知其不可而为之者与？”

【注释】

①石门：鲁国都城南侧的外城门。　②门：指守门者。

【译文】

子路在石门宿夜，早晨进城时，守门者说：“从哪里来啊？”子路说：“从孔子那里来。”守门者说：“就是那个知道行不通却要去做的人吗？”

【段意】

“知其不可而为之”颇能代表当时一部分人对孔子的看法。孔子赞同大道不能施行时可以避世隐居,然而他自己却不打算完全遵行。他对于自己所要做的事情有很强的责任心和使命感,这正是孔子之为孔子、儒家不同于道家的根本点。

14.39 子击磬于卫[①],有荷蒉而过孔氏之门者[②],曰:"有心哉,击磬乎!"既而曰:"鄙哉,硁硁乎!莫己知也,斯已而已矣,'深则厉,浅则揭'[③]。"

子曰:"果哉!末之难矣[④]。"

【注释】

①磬(qìng 庆):一种用玉或石制的乐器。 ②荷蒉(kuì 愧):背着草筐。蒉,草筐。 ③深则厉,浅则揭:语出《诗·卫风·匏有苦叶》。朱熹《集注》云:"以衣涉水曰厉,摄衣涉水曰揭。" ④末之难矣:孔子的答语,亦有人释作"果然如此,那就没有什么困难了"。

【译文】

孔子在卫国击奏乐磬时,有个背着草筐经过孔子门口的人,说:"击磬的真是有心人啊!"过了一会儿说:"见识浅陋,太固执了!没有人了解自己,那就算了,'水深就和着衣服走过去,水浅就撩起衣服走过去'。"

孔子说:"好干脆啊!可他不知道我的难处。"

【段意】

参见上章及本篇谈不为人所了解那几章的段意。

14.40 子张曰:"《书》云'高宗谅阴,三年不言'[①],何谓也?"

子曰:"何必高宗,古之人皆然。君薨[②],百官总己以听于冢宰三年[③]。"

【注释】

①《书》:这里所引的二句话,见于《书·无逸》。高宗:殷王武丁的庙号,据《史记·殷本纪》载"武丁修德行善,天下咸欢,殷道复兴",故后人以"高宗"为他的庙号。谅阴:守丧所居住的房子。 ②薨(hōng 轰):古人对君主去世的称呼。 ③冢宰:相当于后世的宰相。

【译文】

子张说:"《书》说'殷高宗守丧,三年不说话',是什么意思呢?"

孔子说:"不一定是殷高宗,古时候的人都是如此。君主去世了,百官总揽自己的职务来听命于冢宰三年。"

【段意】

此章是谈守丧三年问题。据今文经学家的意见,守丧三年是儒家开始主张的,孔子以前已有守丧之事,但似乎并未固定三年丧期。孔子不仅坚持三年丧期,而且从历史、情理的角度对它作了论证,此章所说的就是历史角度的论证。参见本书《阳货》宰我问三年之丧章。

14.41 子曰:"上好礼,则民易使也。"

【译文】

孔子说:"在上者喜好礼仪,民众就容易役使了。"

【段意】

参见本书《子路》篇樊迟请学稼章。

14.42 子路问君子,子曰:"修己以敬。"

曰:"如斯而已乎?"曰:"修己以安人。"

曰:"如斯而已乎?"曰:"修己以安百姓。修己以安百姓,尧、舜其犹病诸!"

【译文】

子路询问君子,孔子说:"修饬自身来敬爱他人。"

子路说:"就这样行了吗?"孔子说:"修饬自身来安定他人。"

子路说:"就这样行了吗?"孔子说:"修饬自身来安定百姓。修饬自身来安定百姓,尧、舜尚且顾虑做不到呢!"

【段意】

此章充分体现了孔子所主张的以修饬自身、追求完美人格为基础,治理国家、治理社会的思想纲领。这一纲领在《大学》中有充分的论述,可参阅。

14.43 原壤夷俟①,子曰:"幼而不孙弟②,长而无述焉,老而不死,是为贼!"以杖叩其胫。

【注释】

①原壤:孔子的"故旧",《礼记·檀弓》篇说,他的母亲死了,孔子去帮他办丧事,他却爬上棺木唱起歌来。前人注《礼记》多认为他可能是隐士,但从《论语》这段记载来看,似乎不像。夷:踞坐,即屁股着地、伸开两腿。 ②孙:同"逊"。

【译文】

原壤踞坐着接待孔子，孔子说："小时候不懂礼貌，长大了无所作为，老了还不去死，真是祸害！"说着用拐杖敲他的小腿。

【段意】

在孔子生活的时代，人们在应对时都跪坐，而把屁股着地、伸开两腿的踞坐视为不礼貌。原壤是孔子的"故旧"，以为可以不拘礼节，居然踞坐着接待孔子。孔子很不高兴，毫不客气地批评了他。由此可见，小事情有时也很重要，它反映了一个人的人生态度，要成就大事，首先要有从小事做起的自觉性。

14.44 阙党童子将命①，或问之曰："益者与？"

子曰："吾见其居于位也②，见其与先生并行也③。非求益者也，欲速成者也。"

【注释】

①阙党：当指今曲阜的孔子故里阙里。顾炎武《日知录》说，鲁国都城有阙门，"盖阙门之下，其里即名阙里，夫子之宅在焉，亦谓之阙党"。将命：朱熹《集注》云："谓传宾主之言。" ②位：指主人的位置，《礼记·玉藻》云："童子无事则立主人之北，南面。"可见，他不该居于主人的位置上。 ③与先生并行：先生指比童子年长的人。据《礼记·曲礼》，只要年龄相差五年，就应该稍后随行。

【译文】

阙党的一个童子在传达宾主的谈话，有人问孔子说："是个求上进的人吗？"

孔子说："我见到他坐在成年人的位子上，见到他与年长的人并肩而行。他不是个求上进的人，是个想急于求成的人。"

【段意】

此章的意思与上一章差不多。孔子从那个童子不注意长幼礼节上看出，他是急于求成而不是寻求上进。

卫灵公第十五

15.1　卫灵公问陈于孔子[①]，孔子对曰："俎豆之事[②]，则尝闻之矣；军旅之事，未之学也。"明日遂行。

【注释】

①陈：同"阵"，军阵，指有关打仗的事情。　②俎（zǔ 祖）豆：盛肉的礼器，指礼仪方面的事情。

【译文】

卫灵公向孔子询问军阵，孔子答道："礼仪方面的事，我曾经听说过；军旅方面的事，我没有学过。"次日就离开了卫国。

【段意】

孔子是在卫灵公执政的晚年来到卫国的，据《史记·孔子世家》的记载，灵公开始对孔子比较有礼，也肯听听孔子的建议，后来怠于政务，就与孔子疏远了。本书《子路》篇中孔子感叹没有人用他的那段话，就是那时所说的。后来，灵公居然向孔子询问军阵，正如在本书其他篇中所见到的，孔子是主张"先礼后兵"的，即首先要教化民众，然后才能谈到打仗。卫灵公贸然向孔子询问军阵，说明他不仅对孔子的学说不感兴趣，而且不了解孔子，所以孔子就离开了卫国。孔子离开不久，卫灵公也就去世了。《左传·哀公十一年》记载了卫国的孔文子向孔子询问攻太叔的事，孔子的答语与此章相同。清代学者崔述认为，这两段话应是一件事的异闻，以理度之，似以对答孔文子较为可信（《洙泗考信录》卷三）。

15.2　在陈绝粮，从者病莫能兴[①]。子路愠见曰[②]："君子亦有穷乎？"

子曰："君子固穷，小人穷斯滥矣。"

【注释】

①病:指为饥饿所困。 ②见:一说同“现”,露出。

【译文】

孔子在陈国断绝了粮食,随行的人饿得起不了身。子路很不高兴地来见孔子,说:“君子也有穷困的时候吗?”

孔子说:“君子能安守穷困,小人穷困就胡作非为了。”

【段意】

鲁哀公四年(前491),孔子辗转来到陈国、蔡国的边境,正好遇上吴国与陈国交战,秩序比较混乱,所以断绝了粮食(《史记·孔子世家》说,当时楚国出兵救陈,打算礼聘孔子,陈、蔡两国的大夫不愿意让孔子被楚国所用,“于是乃相与发徒役围孔子于野,不得行,绝粮”。清代学者崔述认为,陈、蔡大夫发兵围攻孔子的事出于后人附会,不足信,见《洙泗考信录》卷三)。子路对此想不通,于是来询问孔子,孔子则以君子和小人对待困境的不同态度来开导子路。

15.3 子曰:“赐也,女以予为多学而识之者与?”

对曰:“然,非与?”

曰:“非也,予一以贯之。”

【译文】

孔子说:“赐啊,你认为我是多学博记的人吗?”

子贡答道:“是的,难道不是这样吗?”

孔子说:“不是的,我是凭借一个基本观念来贯通的。”

【段意】

据《史记·孔子世家》,这段问答是紧接着上一章而谈的。此处所说的“一个基本观念”,已见本书《里仁》篇孔子与曾参的对话。子贡是个比较聪明的人(见本书《先进》篇),因此孔子就投其所好地询问他对“多学而识之”的看法,然后开导他:仅如此还不够,必须以基本观念来贯穿所学的知识,方才不至于泛滥无归。

15.4 子曰:“由,知德者鲜矣。”

【译文】

孔子说:“由啊,了解德的人太少了。”

【段意】

朱熹认为,此章很可能是因子路对君子穷困发问有感而言(《集注》)。

15.5 子曰："无为而治者其舜也与！夫何为哉？恭己正南面而已矣。"

【译文】

孔子说："无为而治的人大概是舜吧！他做了些什么呢？只是谨慎地整饬自身、端坐王位罢了。"

【段意】

孔子所说的"无为而治"与道家的观点是不同的。孔子认为，圣人既能以身作则教化民众，又能任用贤者，自然不须再多做什么了。

15.6 子张问行，子曰："言忠信，行笃敬，虽蛮貊之邦行矣①；言不忠信，行不笃敬，虽州里行乎哉②？立则见其参于前也③，在舆则见其倚于衡也④，夫然后行。"子张书诸绅⑤。

【注释】

①蛮貊：边远的少数民族。 ②州：比里稍大的聚落。《周礼》说它是古代的行政单位，一万二千五百家为一州。 ③参于前：前人的说法不一，刘宝楠《正义》谓是耸立在面前的意思。 ④舆：马车，亦特指车箱。衡：车辕端的横木。 ⑤书诸绅：当时人常将重要的事情写在腰带（绅）的垂下部分以备忘。

【译文】

子张询问如何才能实行，孔子说："说话忠诚守信，行为笃实恭敬，即使边远少数民族的地方也能实行；说话不忠诚守信，行为不笃实恭敬，即使自己乡里能行得通吗？站立时就如同这些准则耸立在面前，乘车时就如同这些准则镌刻在车横木上，这样才能实行。"子张把它们写在绅带上。

【段意】

"说话忠诚守信，行为笃实恭敬"是本章的要点，这也正是贯穿孔子之道的要点（见本书《里仁》篇吾道一以贯之章及本篇孔子与子贡的对话）。

15.7 子曰："直哉史鱼①！邦有道如矢，邦无道如矢。君子哉蘧伯玉！邦有道则仕，邦无道则可卷而怀之②。"

【注释】

①史鱼：卫国大夫，名鳝，字子鱼。《韩诗外传》卷七记载说，他曾多次向国君进言重用蘧伯玉、贬斥佞臣弥子瑕，均未被接受，他在去世前嘱咐儿子以不给他办丧事的方式再次向国君进言劝谏，终于达到了目的。后人因而称赞他说："生以身

谏,死以尸谏,可谓直矣。” ②卷而怀之:卷起来藏在怀里,喻隐退。

【译文】

孔子说:“史鱼真是正直啊!国家清平时像箭一样直,国家无道时像箭一样直。蘧伯玉真是君子啊!国家清平就任职,国家无道就能收起才能隐退。”

【段意】

史鱼和蘧伯玉都是卫国的大夫。“史鱼自以不能进贤退不肖,既死犹以尸谏(以自己的死来劝谏),故夫子称其直”(朱熹《集注》);蘧伯玉则对于自己无力制止的乱谋能及时引退。孔子赞赏史鱼的正直,但他认为,真正的君子应该像蘧伯玉那样,在国家无道时及时隐退。孔子很欣赏国家无道时能免于刑罚的南容,也曾称叹过政治黑暗时能痴呆的甯武子(均见本书《公冶长》篇),他主张在上述情况下应该行为正直而说话谦逊(见本书《宪问》篇),以避免无谓的牺牲。

15.8　子曰:“可与言而不与之言,失人;不可与言而与之言,失言。知者不失人亦不失言。”

【译文】

孔子说:“应该与之言谈的人却不与他谈,是错过了对象;不应该与之言谈的人却与他谈,是说错了话。明智的人既不错过对象也不说错话。”

【段意】

应该谈而不谈、不应该谈而谈,都是缺乏见识的表现。孔子这里所说的“可与言”,是就什么而言的呢?有人认为,此章与本书《雍也》篇所说“中等人以上能谈高深的道理”有关。

15.9　子曰:“志士仁人无求生以害仁,有杀身以成仁。”

【译文】

孔子说:“志士仁人没有为了求生而损害仁的,只有牺牲自身来成全仁的。”

【段意】

此章强调,仁的纯洁性比生命还重要,君子宁可牺牲生命,但不能损害仁。这一伦理原则,在古代曾鼓舞了许许多多“志士仁人”去维护正义,奏出了一曲又一曲民族正气歌。

15.10　子贡问为仁,子曰:“工欲善其事,必先利其器。居是邦也,事其大夫之贤者,友其士之仁者。”

【译文】

子贡询问怎样做到仁,孔子说:"工匠想要做好他的事情,必须首先使工具精良。居住在这个国家,要事奉他们大夫中的贤者,结交他们士人中的仁者。"

【段意】

孔子认为,要做到仁,首先必须与有仁德的人相处。

15.11 颜渊问为邦,子曰:"行夏之时①,乘殷之辂②,服周之冕,乐则《韶》舞;放郑声,远佞人。郑声淫,佞人殆。"

【注释】

①夏之时:这里的"时"指节令,即类似于《大戴礼记》中《夏小正》那样依据自然变化来安排人事,以保持天人和谐的节令。一说是指夏代的历法。 ②辂(lù 路):君王所乘坐的大车。

【译文】

颜回询问治理国家,孔子说:"实行夏代的节令,乘坐殷代的车辆,穿戴周代的礼服,乐舞则用《韶》;禁绝郑地的乐曲,疏远奸佞的小人。郑地的乐曲淫荡,奸佞的小人危险。"

【段意】

此章是说,治理国家应该吸取前人的长处,杜绝导致邪恶的苗头。所谓"夏代的节令"、"殷代的车辆"云云,只是前人长处的代名词,不必去拘泥于那些具体的内容。

15.12 子曰:"人无远虑,必有近忧。"

【译文】

孔子说:"人没有事先的谋虑,必定会有即时的忧患。"

【段意】

此章是告诫人们要居安思危,有防备祸患的思想准备。

15.13 子曰:"已矣乎!吾未见好德如好色者也。"

【译文】

孔子说:"没希望了!我从未见到喜好德行如同喜好美色的人。"

【段意】

此章是感叹时人道德水平的下降。据《史记·孔子世家》,卫灵公与夫人南子同车出游,“使孔子为次乘,招摇市过之”,孔子感到很不高兴,就说了以上的这番话,不久就离开卫国到曹国去了。

15.14 子曰:“臧文仲其窃位者与!知柳下惠之贤而不与立也①。”

【注释】

①柳下惠:鲁国大夫,本名展获,字禽,因他的食邑在柳下、谥号为惠,所以人们亦称他为柳下惠。在儒家著作中,曾多次将他与伯夷等贤人并列,誉为有德行的人。

【译文】

孔子说:“臧文仲大概是个窃居职位的人吧!知道柳下惠的才能却不举荐他任职。”

【段意】

臧文仲是鲁国大夫,在本书《公冶长》篇中,孔子曾批评过他的僭越行为。这章是讲举贤。孔子认为,执政者的要务之一是举贤。臧文仲处在这个位置上,如果不了解治下的贤才,就是昏愦;如果了解了而不举用,就是蔽贤。昏愦还可以说是能力问题,蔽贤则是品质问题。孔子认为臧文仲是属于后者,所以说他是“窃居职位”。

15.15 子曰:“躬自厚而薄责于人,则远怨矣。”

【译文】

孔子说:“要求自己严格而对他人的责备轻,就能远离怨恨了。”

【段意】

这一章也是讲以身作则的问题。所谓“远离怨恨”,不仅仅是保护自身,更重要的是体现了道德修养的水准。

15.16 子曰:“不曰‘如之何’如之何者①,吾末如之何也已矣。”

【注释】

①不曰“如之何”如之何者:不考虑怎么办就这么去做的人。前一个“如之何”是指想法,后一个“如之何”是指行动。一说,两个“如之何”都是想法,是表示深思熟虑、谨慎处事的意思。

【译文】

孔子说:“不考虑怎么办就这么去做的人,我也就不知道拿他怎么办啦!”

【段意】

此章是教导人们要对自己的行为深思熟虑,充分估计到它的后果,不要莽撞从事,否则,连孔子那样的人也无可奈何了。

15.17 子曰:"群居终日,言不及义,好行小慧,难矣哉!"

【译文】

孔子说:"整天聚在一起,言谈不涉及正理,喜欢耍小聪明,这就难以造就了。"

【段意】

此章提及的这几件事都有背于道德修养,如果沉溺于其中而不能自拔,当然就难以造就了。

15.18 子曰:"君子义以为质,礼以行之,孙以出之,信以成之。君子哉!"

【译文】

孔子说:"君子把义作为根本,用礼仪来施行,以谦逊的态度述说,依诚实来成就。这就是君子啊!"

【段意】

此章既是说君子的表现,又是说成就君子的途径。

15.19 子曰:"君子病无能焉,不病人之不己知也。"

【译文】

孔子说:"君子担心没有能力,不担心别人不了解自己。"

【段意】

此章也是说如何对待不被别人了解的问题。

15.20 子曰:"君子疾没世而名不称焉。"

【译文】

孔子说:"君子所担忧的是离开人世尚不被人们称颂。"

【段意】

君子的修养、学习是为自己,当然不是为了被别人称颂,但到了去世时还得不到人们称颂,说明缺乏善行和令人钦佩的表现,因此要对此感到担忧。

15.21 子曰:"君子求诸己,小人求诸人。"

【译文】

孔子说:"君子责求自己,小人责求他人。"

【段意】

遇到问题,君子首先检查自身的原因,而小人则责备他人,把原因推向外界。这是君子、小人在行为上的一个重大区别。

15.22 子曰:"君子矜而不争,群而不党。"

【译文】

孔子说:"君子矜持而不争执,合群而不偏私。"

【段意】

此章实际也是谈君子和小人的行为区别。小人与君子不同,他们虽然缺乏自尊心,但却为无谓的小事而争执;他们相互间貌合神离,但却结党营私。

15.23 子曰:"君子不以言举人,不以人废言。"

【译文】

孔子说:"君子不因为言谈而举用人,不因为人而排斥其言谈。"

【段意】

人品和言谈是不尽一致的,有的人言谈合理,但不一定具有德行,所以不能"以言举人";有的人虽然不具备德行,但他的言谈或许有一得之见,所以不能"以人废言"。

15.24 子贡问曰:"有一言而可以终身行之者乎?"
子曰:"其恕乎!己所不欲,勿施于人。"

【译文】

子贡问道:"是否有一句话足以终身奉行的呢?"

孔子说:"大概是恕吧!自己所不想望的,不要施加于他人。"

【段意】

曾子曾说过:"夫子之道,忠恕而已。"(见本书《里仁》篇吾道一以贯之章)这段话实际上概括了孔子对于君子基本标准。作为君子,当然负有教化民众、兼济天下的责任和使命,然而由于主观、客观的种种因素,这并不是每个人都能做到的,所以,孔子又提出了作为君子的最低要求,那就是此处所说的"恕"道:"己所不欲，勿施于人”。

15.25 子曰：“吾之于人也，谁毁谁誉？如有所誉者，其有所试矣。斯民也，三代之所以直道而行也。”

【译文】

孔子说：“我对于他人，不诋毁、不虚誉。如果有所称誉，已经是有所察验了。这些民众啊，是夏、商、周三代借以施行直道的啊。”

【段意】

此章是说，毁誉他人必须持慎重态度，必须有所验证。用民之道，务必如此。最后一句颇为费解，马一浮先生认为，“斯民也”是叹词，言今人不古，不能行直道。可备一说。

15.26 子曰：“吾犹及史之阙文也、有马者借人乘之，今亡矣夫！”

【译文】

孔子说：“我还赶上见到史官记事阙疑、有马的人把马借给别人骑，现在见不到了！”

【段意】

此章的大致意思是感叹当世道德的沦丧。朱熹《集注》引胡氏说云：“此章义疑，不可强解。”

15.27 子曰：“巧言乱德，小不忍则乱大谋。”

【译文】

孔子说：“花言巧语扰乱德行，小处不能忍耐就会败坏大事。”

【段意】

此章实际上是在说加强自身修养问题。言过其实是孔子一贯反对的，在本书中不乏这方面的言论；小处要能忍耐，并非权谋，而是根据大局对自身行为的一种自觉的理性制约（如《孙子·火攻》中所谓“主不可以怒而兴师，将不可以愠而致战”之类）。

15.28 子曰：“众恶之，必察焉；众好之，必察焉。”

【译文】

孔子说："大家都憎恨的人，必须审察；大家都喜好的人，必须审察。"

【段意】

众人的好恶固然有可以参照的价值，但作为君子来说，还必须有自己的独立见解，不能随波逐流；其次，要了解一样事物或一个人，不能单听他人的评论，还应该亲自进行考察。本书《子路》篇乡人皆好之章可与此章参看。

15.29　子曰："人能弘道，非道弘人。"

【译文】

孔子说："人能弘扬大道，不是大道来弘扬人。"

【段意】

此章的确切含义很不容易解释，此处仅就字面来翻译，大体是说，大道要靠各人自己去悉心体察。

15.30　子曰："过而不改，是谓过矣。"

【译文】

孔子说："错了不去改正，才叫做过错。"

【段意】

孔子的意思是说，人不可能没有过错，重要的是及时改正，不重复已犯的过错。

15.31　子曰："吾尝终日不食、终夜不寝以思，无益，不如学也。"

【译文】

孔子说："我曾经整天不吃、整夜不睡来思考，毫无收益，不如去学习。"

【段意】

此章是说学习对于修养的重要性。战国时代的大儒荀况也说过类似的话："我曾经整天思索，却比不上片刻学习所得到的收获；我曾经踮起脚来观望，却比不上登临高处所见到的宽广。"(《荀子·劝学》)

15.32　子曰："君子谋道不谋食。耕也馁在其中矣，学也禄在其中矣。君子忧道不忧贫。"

【译文】

孔子说："君子谋求大道而不谋求食物。耕作可能得到饥饿，学习可能得到俸禄。君子忧患大道而不忧患贫困。"

【段意】

此章是讲修身与学习的目的。为了谋食而去耕种却未必能果腹，孔子以此为喻告诫人们，因修身、学习而得到俸禄并不是目的，大道才是真正的目的。

15.33 子曰："知及之，仁不能守之，虽得之，必失之；知及之，仁能守之，不庄以莅之①，则民不敬；知及之，仁能守之，庄以莅之，动之不以礼，未善也。"

【注释】

①莅：朱熹《集注》云："临也。"

【译文】

孔子说："懂得了，不能以仁德保持它，即使得到了必定会失去；懂得了，能以仁德来保持它，却不以严肃的态度来施行，民众就不会恭敬；懂得了，能以仁德来保持它，能以严肃的态度来施行，举动不合乎礼仪，还算不上完善。"

【段意】

这一章讲了执政者保有大道的四个层次：懂得、保持、施行、完善。这既是循序渐进的阶段，又是不断深化的程度。

15.34 子曰："君子不可小知而可大受也，小人不可大受而可小知也。"

【译文】

孔子说："君子不能了解小事却能担当重任，小人不能担当重任却能了解小事。"

【段意】

此章也是讲君子和小人的区别，由此可见，观察人和事物必须从大的方面着眼。

15.35 子曰："民之于仁也，甚于水火①。水火，吾见蹈而死者矣，未见蹈仁而死者也。"

【注释】

①水火：朱熹《集注》云："民之于水火，所赖以生，不可一日无。"

【译文】

孔子说："民众对于仁的需求，比水火更迫切。我见到过蹈践水火而死去的人，却没见到过蹈践仁而死去的人。"

【段意】

此章是勉励人们去实践仁道。

15.36 子曰："当仁不让于师。"

【译文】

孔子说："遇到行仁的事不向老师谦让。"

【段意】

求师的目的是为了成就仁道，尊师也就是尊仁，如果因此而把行仁抛弃了，那就是本末倒置。

15.37 子曰："君子贞而不谅①。"

【注释】

①贞：朱熹《集注》云："正而固也。"谅：朱熹《集注》云："不择是非而必于信。"

【译文】

孔子说："君子坚守正道而不拘泥小信。"

【段意】

孔子所讲的"信"是有是非原则的，不分是非的"信"就是小信，孔子认为是不足取的。

15.38 子曰："事君，敬其事而后其食。"

【译文】

孔子说："事奉君主，要尽心供职才受取俸禄。"

【段意】

这一章是讲君子对于任职的正确态度。

15.39 子曰："有教无类①。"

【注释】

①类：此作动词用，区分。

【译文】

孔子说:“进行教育没有对象的区别。”

【段意】

孔子认为,施教者应不分对象地授予教育。至于对于不同的对象,应以不同的方式来施行教育,那是另外的问题。

15.40 子曰:“道不同,不相为谋。”

【译文】

孔子说:“见解不同,不相互商议。”

【段意】

此处所谓的“不同”,不是一般性的差异,而是根本性的分歧。显然,在这种情况下是无法“谋”的。

15.41 子曰:“辞达而已矣。”

【译文】

孔子说:“言语能表达意思就行了。”

【段意】

孔子认为,达意是言语的主要目的。此章的潜台词是,首先应该表达清楚,才能进一步修饰;其次,不在根本目的上下工夫,单纯注重词藻华丽,乃是本末倒置。

15.42 师冕见①,及阶,子曰:“阶也。”及席,子曰:“席也。”皆坐,子告之曰:“某在斯,某在斯。”

师冕出。子张问曰:“与师言之道与?”子曰:“然,固相师之道也②。”

【注释】

①师冕:名冕的乐师。当时的乐师大多为盲人。 ②相:接待。

【译文】

师冕来见孔子,走到台阶边,孔子说:“这是台阶。”来到坐席旁,孔子说:“这是坐席。”都坐定了,孔子告诉他说:“孔某在这里,孔某在这里。”

师冕告辞了,子张问道:“这是与盲人说话的方式吗?”孔子说:“是的,这应该是接待盲人的方式。”

【段意】

此章记载了孔子接待盲乐师的礼节,以反映君子以诚相待的态度。由此推开去,完全可以想见对其他人应取的态度了。

季氏第十六

16.1　季氏将伐颛臾①，冉有、季路见于孔子，曰："季氏将有事于颛臾。"

孔子曰："求，无乃尔是过与？夫颛臾，昔者先王以为东蒙主②，且在邦域之中矣，是社稷之臣也。何以伐为？"

冉有曰："夫子欲之，吾二臣者皆不欲也。"

孔子曰："求，周任有言曰③：'陈力就列④，不能者止。'危而不持，颠而不扶，则将焉用彼相矣？且尔言过矣。虎兕出于柙⑤，龟玉毁于椟中，是谁之过与？"

冉有曰："今夫颛臾固而近于费，今不取，后世必为子孙忧。"

孔子曰："求，君子疾夫舍曰欲之而必为之辞。丘也闻，有国有家者，不患贫而患不均，不患寡而患不安⑥。盖均无贫，和无寡，安无倾。夫如是，故远人不服则修文德以来之，既来之，则安之。今由与求也相夫子，远人不服而不能来也，邦分崩离析而不能守也，而谋动干戈于邦内。吾恐季孙之忧不在颛臾，而在萧墙之内也⑦。"

【注释】

①颛臾：鲁国的附庸国，在今山东费县西北。　②东蒙：山名，即在今山东蒙阴以南的蒙山。　③周任：周王室的大夫，一说是古代的史官。　④列：此指担任职位。　⑤兕（sì 四）：雌犀牛。一说是野牛。柙（xiá 狭）：关押猛兽的笼子。　⑥不患贫而患不均，不患寡而患不安：原作"不患寡而患不均，不患贫而患不安"，据清代学者俞樾《群经平议》及《古书疑义举例》之说改。　⑦萧墙：外墙内的矮墙，喻内部。

【译文】

季氏将要讨伐颛臾，冉求、子路去见孔子，说："季氏将要对颛臾有所行动。"

孔子说："求啊，这不是你的过错吗？颛臾，过去先王任命他主持东蒙山的祭祀，而且在鲁国的疆域之内，是国家的臣属。为什么要讨伐他呢？"

冉求说："是季氏要这么做，我们两个都不愿意。"

孔子说："求啊，周任曾经说过：'贡献力量担任职位，没有能力就止步。'危难时不支撑，颠扑时不扶持，何必要用辅佐呢？而且，你的说法是错的。老虎、犀牛从笼子里跑出来了，龟壳、美玉在匣子里毁坏了，这是谁的过错呢？"

冉求说："颛臾城邑坚固而接近季氏的封邑费，现在不去夺取，到了后世必定会成为子孙的忧患。"

孔子说："求啊，君子憎恶隐瞒欲望而非要进行辩解。我曾听说，拥有封国、家族的人，不担忧贫困而担忧不平均，不担忧寡少而担忧不安定。因为，平均了就没有贫困，和谐了就不会寡少，安定了就不能倾覆。如果这样，边远的人不归服就修饬文德来招徕他们，既招来了就安定他们。现在你们两个辅佐季氏，边远的人不归服却不能招徕他们，国家分崩离析却不能进行守护，反而图谋在国家之内兴师动众。我恐怕季氏的担忧不来自颛臾，而来自自己的内部。"

【段意】

季氏要去讨伐颛臾，孔子责备当时正在担任季氏家臣的冉求、子路没有尽到辅佐的责任。孔子所谓的责任，包括两个方面，其一，在任职时首先要衡量自己的能力，缺乏能力而"下海"是不负责任的态度；其二，既然担当了职务，就不能推卸自己应尽的职责。至于冉求明知错误，还要强行辩解，那更是错上加错了。

16.2 孔子曰："天下有道，则礼乐征伐自天子出；天下无道，则礼乐征伐自诸侯出。自诸侯出，盖十世希不失矣[①]；自大夫出，五世希不失矣；陪臣执国命[②]，三世希不失矣。天下有道，则政不在大夫；天下有道，则庶人不议。"

【注释】

①希：少。　②陪臣：家臣。

【译文】

孔子说："天下清平，制礼作乐、出兵征伐出自天子；天下无道，制礼作乐、出兵征伐出自诸侯。出自诸侯，大概传到十代很少有不丧失的；出自大夫，传到五代很少有不丧失的；家臣执掌了国家命运，传到三代很少有不丧失的。天下清平，国政就不落在大夫手中；天下清平，庶人们就不会议论。"

【段意】

此章是孔子对于当时政局的看法。孔子认为，政权传代的长短，与这个政权的执政方式是否合“理”有很大的关系，“逆理愈甚，则其失之愈速”（朱熹《集注》）。因为，执政方式既然不合“理”，那么执政者也就不能有效地教化民众、协调内部关系，政权的基础自然就薄弱了。诸侯、大夫、家臣执掌国政的传代数之所以递减，其原因就在于此。

16.3 孔子曰：“禄之去公室五世矣①，政逮于大夫四世矣②，故夫三桓之子孙微矣。”

【注释】

①去：离开。　②逮：及、到。

【译文】

孔子说：“爵禄脱离公室已经五代了，国政被大夫攫夺已经四代了，所以孟孙、叔孙、季孙的子孙要衰微了。”

【段意】

此章与上章有联系，是把上一章的原则用以观察鲁国的政局。从“政逮于大夫四世矣”来看，这段话大约是在鲁定公时（前509—前495）所说的。当时的季桓子是季氏家族掌握鲁国大权的第四代子孙，而他的家臣阳虎、公山弗扰等人则势力日盛，孔子本人还一度想利用公山弗扰与季氏的矛盾来实现自己的主张（见本书《阳货》篇公山弗扰以费畔章）。因此，孔子说他们的子孙“要衰微了”，也是有事实依据的。

16.4 孔子曰：“益者三友，损者三友。友直、友谅、友多闻，益矣；友便辟①、友善柔②、友便佞③，损矣。”

【注释】

①便辟：朱熹《集注》云：“便，习熟也。便辟，谓习于威仪而不直。”意为因熟悉而偏袒。　②善柔：朱熹《集注》云：“谓工于媚悦而不谅。”　③便佞：圆滑善辩。朱熹《集注》云：“谓习于口语而无闻见之实。”

【译文】

孔子说：“三种朋友有益，三种朋友有害。朋友正直、朋友诚实、朋友见识广博，是有益的；朋友奉承、朋友谄媚、朋友圆滑善辩，是有害的。”

【段意】

孔子认为，结交朋友是为了辅助仁德（见本书《颜渊》篇子路问友章）。但并不是任何朋友都有益，此章就讲了辨别的标准，其中的道理是显而易见的。此篇及以下的几篇中,有许多章节像这一章一样,用数字来概括思想观念,这不大像孔子的风格,甚至也不似孟子的风格。尽管不排除它们涵有孔子的思想,但至少在文字上经过了后人的修饰。

16.5 孔子曰:"益者三乐,损者三乐。乐节礼乐、乐道人之善、乐多贤友,益矣;乐骄乐、乐佚游、乐宴乐,损矣。"

【译文】

孔子说:"三种乐趣有益,三种乐趣有害。乐于以礼乐来节制行为、乐于称道他人的长处、乐于多结交贤明的朋友,是有益的,乐于骄奢淫乐、乐于游荡无度、乐于吃吃喝喝,是有害的。"

【段意】

此章是讲君子的日常修养。乐趣,看来是具体而微的小事,但却反映了人的情操,并反过来影响人的道德。因此,尽管孔子并非主张禁欲,却要求有志于道的人必须注意自己的志趣。孔子曾多次称赞颜渊安贫乐道的情操,其用意也就在此。

16.6 孔子曰:"侍于君子有三愆,言未及之而言谓之躁言及之而不言谓之隐,未见颜色而言谓之瞽。"

【译文】

孔子说:"侍奉君子有三种过失,还没有讲到就说了叫做急躁,已经讲到了却不说叫做隐晦,没见到神态就说话叫做盲目。"

【段意】

此章教导人们要慎于言行。所谓"侍奉君子",并不一定是指真的侍奉君子,而是以正道来与他人相处,也就是说本人如何以君子之道来对待他人。

16.7 孔子曰:"君子有三戒,少之时,血气未定,戒之在色;及其壮也,血气方刚,戒之在斗;及其老也,血气既衰,戒之在得。"

【译文】

孔子说:"君子有三项禁戒,年轻时,血气尚未稳定,要禁戒女色;到了壮年,血气方刚,要禁戒好斗;到了老年,血气衰微,要禁戒贪得。"

【段意】

此章是说不同年龄层次的修养重点。所谓"血气",实际上是指人的自然属性。孔子认为，修养乃是不断约制自然属性，使之合乎社会伦理规范的过程。

16.8 孔子曰："君子有三畏，畏天命、畏大人、畏圣人之言。小人不知天命而不畏也，狎大人、侮圣人之言。"

【译文】

孔子说："君子有三项敬畏，敬畏天命、敬畏有道德的人、敬畏圣人的话。小人因为不知道天命而不敬畏，轻慢有道德的人、亵渎圣人的话。"

【段意】

此章是说君子、小人在是否有敬畏、敬畏什么问题上的区别。所谓敬畏，从外在方面来说，有点类似于崇高的目标；从内在方面来说，则带有一点忧患意识。有所敬畏，因此使自己的行为有所约束，这不是件坏事，"知其可畏，则其戒谨恐惧，自有不能已(遏止)者，而付畀(被赋予)之重可以不失矣。"(朱熹《集注》)如果人人都像孔子所说的"小人"那样不知敬畏，那么社会的道德水准也就可想而知了。其实，小人也是有所敬畏的，只不过他们敬畏的不是孔子所说的那一套罢了。

16.9 孔子曰："生而知之者上也，学而知之者次也，困而学之又其次也。困而不学，民斯为下矣。"

【译文】

孔子说："天生就懂得的人最优秀，通过学习而懂得的人次一等，遇到困难才去学习的人又次一等。遇到困难还不学习，就是下等的愚民。"

【段意】

孔子认为，人的天赋是不同的，但这不影响到人的修养。正是因为天赋不高，就更要强调后天的修养。在这个问题上，"学而知之"与"困而学之"的差别并不很大。只有"困而不学"，那才是不可救药的"下愚"。由此可见，学与不学是"下愚"的分界线，孔子只承认有"生而知之"的人，而不承认天生的"下愚"，因为那是自己造成的。

16.10 孔子曰："君子有九思，视思明、听思聪、色思温、貌思恭、言思忠、事思敬、疑思问、忿思难、见得思义。"

【译文】

孔子说："君子有九件要想到的事，看要想到明白、听要想到清楚、神态要想到温和、容貌要想到恭敬、言谈要想到诚实、处事要想到尽心、疑难要想到询问、忿怒要想到后患、见到得益要想到大义。”

【段意】

此章是说君子在日常处事中的自我完善。由此可见,孔子所谓的“君子”不是一个固定不变的目标,即使达到了君子的水准,也还要不断保持、完善,否则很可能失去。

16.11 孔子曰:“见善如不及,见不善如探汤[①],吾见其人矣,吾闻其语矣;隐居以求其志,行义以达其道,闻其语矣,未见其人也。”

【注释】

①汤:滚开水。

【译文】

孔子说:“见到善如同赶不上,见到不善如同手伸进了开水,我见到过这样的人,我听到过这样的话;避世隐居来成就自己的志向,施行道义来贯彻自己的主张,我听到过这样的话,没见到过这样的人。”

【段意】

此章是讲修养的程度。对于善恶,一般人都有起码的是非之心,儒家认为这是能够进一步修饬的基础。但一般地对于善的好感,还不足以满足道德要求,在这个问题上的程度深浅,体现了道德修养的高低。此章“避世隐居”以下的话,与道家的思想接近,有人认为它们不是孔子的言论。

16.12 齐景公有马千驷[①],死之日,民无德而称焉;伯夷、叔齐饿于首阳之下[②],民到于今称之。其斯之谓与?

【注释】

①驷:古代一辆马车用四匹马拉,称驷。千驷即四千匹马。 ②首阳:山名,约在今山西永济以南,亦称首山。

【译文】

齐景公有马四千匹,去世的时候,民众不觉得他有什么德行值得称赞;伯夷、叔齐饿死在首阳山下,民众到现在仍然称赞他们。那就是这个意思吧!

【段意】

这一章的述说有点突兀,宋代学者程颐认为,《颜渊》篇子张问崇德辨惑章的末句“《诗·小雅·我行其野》说:‘诚不以富,亦祗以异。’”应是本章的首句,有一定的道理。孔子的意思是说,要得到民众的称赞,不在于财富的多少,而在于德行的高低。

16.13 陈亢问于伯鱼曰①:"子亦有异闻乎?"

对曰:"未也。尝独立,鲤趋而过庭,曰:'学《诗》乎?'对曰:'未也。''不学《诗》,无以言。'鲤退而学《诗》。

"他日,又独立,鲤趋而过庭。曰:'学礼乎?'对曰:'未也。''不学礼,无以立。'鲤退而学礼。闻斯二者。"

陈亢退而喜曰:"问一得三,闻《诗》,闻礼,又闻君子之远其子也。"

【注释】

①陈亢(gāng 刚):陈国人,字子禽。《家语》说他也是孔子的弟子,但《史记·仲尼弟子列传》中没有记载他。

【译文】

陈亢问伯鱼说:"你也许听到过与众不同的教诲吧!"

伯鱼答道:"没有。父亲曾独自站在那里,我快步走过庭院,他说:'学了《诗》吗?'我答道:'没有。'他说:'不学《诗》,就不能言谈应对。'我退下来就学习《诗》。"

"另一天,父亲又独自站在那里,我快步走过庭院,他说:'学了礼吗?'我答道:'没有。'他说:'不学礼,就不能处身立世。'我退下来就学习礼。我所听到的就是这两次。"

陈亢告辞后高兴地说:"我问了一件事得到了三个收获,得知了《诗》,得知了礼,又得知了君子不偏爱他的儿子。"

【段意】

据说,陈亢跟随孔子比较晚,所以学道之心比较迫切,在本书《子张》篇中就有他向子贡询问孔子德行的记载。可能正是出于这个心态,他去向孔子的儿子打听学道的"秘诀",当然,他在这方面是不可能得到什么的,相反,他知道了孔子对于任何人都要求踏实的学习态度。不过,本章后来引起人们重视的倒不在这一点上,而是在其中所反映的《诗》教上。所谓"不学《诗》,无以言",不是指不会讲话,而是说,《诗》的语言简炼、生动,具有很强的形象性和感染力,通过学《诗》能够提高语言表达能力。

16.14 邦君之妻,君称之曰夫人,夫人自称曰小童;邦人称之曰君夫人，称诸异邦曰寡小君；异邦人称之亦曰君夫人。

【译文】

国君的妻子，国君称她为夫人，夫人自称为小童；本国的人称她为君夫人，对别国的人则称她为寡小君；别国的人也称她为君夫人。

【段意】

此章纯粹是记述典制，没有其他更深的涵义。有人认为，它可能不是《论语》的本文；朱熹《集注》引吴氏说认为："或古（古本《论语》）有之，或夫子尝（曾经）言之，不可考也。"

阳货第十七

17.1　阳货欲见孔子①，孔子不见，归孔子豚②。孔子时其亡也而往拜之③，遇诸途。谓孔子曰："来，予与尔言。"

曰："怀其宝而迷其邦，可谓仁乎？"曰："不可。"

"好从事而亟失时④，可谓知乎？"曰："不可。"

"日月逝矣，岁不我与！"

孔子曰："诺，吾将仕矣。"

【注释】

①阳货：一般认为，这里所说的阳货就是见于《左传》的季氏家臣阳虎，但清代学者崔述在《洙泗考信录》中认为，他们不是同一个人，有一定道理。从本章行文来看，这个阳货似乎是鲁国很有权势的大夫。　②归：馈赠。豚：小猪。③时其亡也而往拜之：时，同"伺"，趁。根据当时的礼节，大夫赠给士人礼物，士人应该亲自前往拜谢。阳货见孔子不愿见他，于是就用送礼的办法，使孔子去拜谢他，以此来达到目的。孔子则趁他不在的时候去拜谢，仍不愿见他。　④亟：屡次。

【译文】

阳货想会见孔子，孔子不去见，于是就给孔子送蒸熟的小猪。孔子趁他不在的时候去拜谢他，却在路上遇到了他。阳货招呼孔子说："过来，我有话同你说。"

阳货说："怀藏自己的本领却听任国家迷乱，能称为仁吗？"孔子说："不能。"

阳货说："喜好从事政务却屡次失去机会，能称为智吗？"孔子说："不能。"

阳货说："岁月流逝，时光不等人啊！"

孔子说："是啊，我将要出来任职了。"

【段意】

阳货想请孔子出来参政，孔子显然不想和他搞在一起，所以对他采取敷衍但不失礼的做法。孔子的态度很明确,他不是不出仕,也不是不想很快出仕,就是不愿意在阳货当政时出仕。

17.2 子曰:“性相近也,习相远也。”

【译文】

孔子说:“天性相互接近,习染就相差甚远了。”

【段意】

人们对于这一章是很熟悉的,因为,后来的通俗读物《三字经》就是以这段话来开篇的。从这一点来看,这段话是相当值得注意的。此处所谓的“性”,相当于现在所说的“人性”。孔子认为,人的本性都差不多,而后天养成的习气就有很大的差别了。基于这一点,孔子特别强调教育的重要性和必要性。不过,孔子在此并没有肯定人性的善恶,而战国儒家内部关于性善、性恶的争论就是在这个问题上展开的。

17.3 子曰:“唯上知与下愚不移。”

【译文】

孔子说:“只有上等的知者和下等的愚人不可改变。”

【段意】

此章与上一章有直接的联系。孔子认为,虽然后天环境,教育能改变人,但“上知”和“下愚”是难以改变的。所谓“上知”,也就是《季氏》篇中提到的“生而知之”者、圣人,乃是儒家的理想人格,这样的人不依赖教育,也无须以教育的手段来改易;所谓“下愚”,也不是天生的,而是“困而不学”、自暴自弃的后果,这当然无法使之迁移为善了。此章的要点仍是强调教育的重要性。

17.4 子之武城①,闻弦歌之声②。夫子莞尔而笑,曰:“割鸡焉用牛刀?”

子游对曰:“昔者偃也闻诸夫子曰:‘君子学道则爱人,小人学道则易使也。’”

子曰:“二三子,偃之言是也!前言戏之耳。”

【注释】

①武城:当时子游正在担任武城的长官,见本书《雍也》篇子游为武城宰章。
②弦歌:弹琴唱歌,指武城人都在学习礼乐。

【译文】

孔子来到武城，听到了奏乐唱歌的声音。他微笑着说："宰鸡干嘛要用牛刀呢？"

子游答道："过去我曾听到夫子说：'君子学了道就爱护别人，小人学了道就容易役使。'"

孔子说："后生们，言偃说得对！我刚才的话只是开玩笑。"

【段意】

音乐是儒家治国的重要手段之一，子游在担任武城长官之后，并没有因为所治理的地方小而松懈，同样认认真真地实施孔子的教诲。孔子见了很高兴，他的询问，既带有开玩笑的性质，也含有测验子游自觉程度的意思。

17.5　公山弗扰以费畔①，召，子欲往②。

子路不说，曰："末之也已，何必公山氏之之也？"

子曰："夫召我者而岂徒哉③？如有用我者，吾其为东周乎④！"

【注释】

①公山弗扰：季氏的家臣，名弗扰（亦作"不狃"）。畔：通"叛"。　②子欲往：《史记·孔子世家》对孔子的这一行为有如下的说明："孔子循道弥久，温温无所试，莫能己用，曰：'盖周文武起丰镐而王，今费虽小，傥庶几乎？"后人认为，孔子的这段话恐怕不尽可信。　③徒：徒然。　④东周：何晏《论语集解》云："兴周道于东方，故曰东周也。"

【译文】

公山弗扰凭借费邑叛乱，来召请孔子，孔子打算去。

子路很不高兴，说："没地方去就算了，何必要去公山弗扰那儿呢？"

孔子说："召请我的人难道会没有打算吗？如果有举用我的人，我要在东方复兴周代的典制！"

【段意】

鲁定公八年（前502），公山弗扰因"不得意于季氏"，与季氏家臣阳虎一起扣留了季桓子，前来召请孔子。孔子打算利用他们与季氏的矛盾来实现自己的主张，子路对此不理解，孔子就把自己的用意告诉他。这件事从一个侧面反映了孔子对自己理想的执着追求。

17.6　子张问仁于孔子，孔子曰："能行五者于天下为仁矣。"

请问之,曰:"恭、宽、信、敏、惠。恭则不侮,宽则得众,信则人任焉,敏则有功,惠则足以使人。"

【译文】

子张向孔子询问仁,孔子说:"能在天下施行五项德行就是仁了。"

子张请教是哪五项,孔子说:"恭敬、宽厚、诚实、敏捷、慈惠。恭敬就不受欺侮,宽厚就能得到众人的拥护,诚实就会受到信任,敏捷就有成绩,慈惠就足以役使他人。"

【段意】

此章是讲仁的五个具体方面。朱熹《集注》引李氏说认为,此章及本篇六言六弊章、《尧曰》篇五美四恶章"与前后文体大不相似",其真实性很值得怀疑。

17.7　佛肸召①,子欲往。子路曰:"昔者由也闻诸夫子曰:'亲于其身为不善者,君子不入也。'佛肸以中牟畔②,子之往也,如之何?"

子曰:"然,有是言也。不曰:'坚乎磨而不磷'③,不曰'白乎涅而不缁'④。吾岂匏瓜也哉⑤?焉能系而不食?"

【注释】

①佛肸:晋国大夫赵简子的中牟长官,晋定公十八年(前494),赵简子进攻范氏和中行氏,佛肸因而据中牟叛乱,召请流亡在外的孔子前往。　②中牟:在今河南汤阴以西的牟山附近。　③磷(lìn 吝):薄。　④涅(niè 聂):古代用以在纺织物上染黑色的媒染剂,即青矾(铁盐化合物)。此作动词用。　⑤匏瓜:葫芦科植物,俗称"瓢葫芦",果实成熟后木质而硬,剖开后能当水瓢。

【译文】

佛肸来召请孔子,孔子打算去。子路说:"过去我曾听夫子说过:'亲自投身做坏事的人那里,君子是不去的。'佛肸凭借中牟叛乱,老师却要去,怎么说得过去呢?"

孔子说:"是的,我说过这话。但是又说过,'硬的东西是磨不薄的';还说过,'白的东西是染不黑的'。我难道是葫芦吗?怎么能挂起来不吃呢?"

【段意】

佛肸在中牟叛乱,孔子打算应召到他那里去,与前一章应公山弗扰召请的用意相同。子路担心孔子因此弄坏了自己的名声,孔子告诉他,如果本身过硬是不会受影响的。所谓"挂起来不吃"云云,与"要在东方复兴周代的典制"是一个意思。

17.8　子曰："由也，女闻六言六蔽矣乎？"对曰："未也。"

"居[1]！吾语女。好仁不好学，其蔽也愚；好知不好学，其蔽也荡[2]；好信不好学，其蔽也贼[3]；好直不好学，其蔽也绞[4]；好勇不好学，其蔽也乱；好刚不好学，其蔽也狂。"

【注释】

①居：坐下。因子路站起身来回答问题，所以孔子叫子路坐下听他讲。②荡：朱熹《集注》云："谓穷高极广而无所止。"　③贼：朱熹《集注》云："谓伤害于物。"　④绞：过于急切而成偏激。

【译文】

孔子说："由啊，你听说过六种德行各自的弊病吗？"子路答道："没有。"

孔子说："坐下！我告诉你。喜好仁不喜好学习，其弊病是愚昧；喜好知不喜好学习，其弊病是浮荡；喜好信不喜好学习，其弊病是受损害；喜好直不喜好学习，其弊病是偏激；喜好勇不喜好学习，其弊病是作乱；喜好刚不喜好学习，其弊病是狂妄。"

【段意】

此章强调学习对于完善德行的辅助作用。

17.9　子曰："小子何莫学夫《诗》？《诗》可以兴[1]，可以观[2]，可以群，可以怨。迩之事父，远之事君，多识于鸟兽草木之名。"

【注释】

①兴：朱熹《集注》云："感发志意。"　②观：郑玄云："观风俗之盛衰。"又朱熹《集注》云："考见其得失。"

【译文】

孔子说："后生们何不去学《诗》呢？《诗》能够即景生情，能够观察风俗，能够合群相处，能够抒发怨恨。近可用来事奉父母，远可用来事奉国君，并能多认识鸟兽草木的名称。"

【段意】

这一章系统表述了孔子对于《诗》教的观点，一向受到学者的重视。朱熹说："学《诗》之法，此章尽之，读是经（《诗》）者所宜尽心也。"（《集注》）《诗》是我国现存最早的诗歌总集，相传是孔子所编集，曾用来教授弟子。此章所谈到的四项功能,比较准确地反映了《诗》的本质特征。“兴”是说《诗》有感染情感的作用,“观”是说《诗》有认识作用(“风俗”是社会方面的知识,“鸟兽草木之名”则是自然方面的知识),“群”是说《诗》有沟通思想感情的作用,“怨”是说《诗》对于不良现象有讽谏的功能。至于事奉父母、事奉国君,则是学《诗》的根本目的。

17.10 子谓伯鱼曰:“女为《周南》、《召南》矣乎?人而不为《周南》、《召南》,其犹正墙面而立也与①?”

【注释】

①正墙面而立:朱熹《集注》云:“言即其至近之地而一物无所见、一步不可行。”

【译文】

孔子告诉伯鱼说:“你学过《周南》、《召南》了吗?人假如不学《周南》、《召南》,就好比面对着墙壁站在那里啊!”

【段意】

《周南》、《召南》是《诗·国风》开首的两篇。“面对着墙壁站在那里”是寸步难行的意思,由此可见孔子对它们的重视。后人所作《诗传》说:“《周南》、《召南》,正(端正)始之道,王化(教化)之基(基础)。”正是对孔子这一论述的进一步发挥。宋代的沈括认为这一章中所说的《周南》、《召南》也是乐曲的名称,谓“学者之事,其始也学《周南》、《召南》,末至于舞《大夏》、《大武》,所谓‘为《周南》、《召南》’者,不独诵其诗而已”(《梦溪笔谈》卷三),可备一说。

17.11 子曰:“礼云礼云,玉帛云乎哉?乐云乐云,钟鼓云乎哉?”

【译文】

孔子说:“所谓礼,就是指玉帛吗?所谓乐,就是指钟鼓吗?”

【段意】

此章是说,礼、乐的本质不在于玉帛(行礼的物品)和钟鼓(奏乐的器具),即行礼、奏乐的具体行动,而在于移风易俗、教化民众的社会规范作用。朱熹《集注》云:“敬而将之以玉帛则为礼,和而发之以钟鼓则为乐,遗其本而专事其末,则岂礼乐之谓哉?”孔子所谓的礼乐,原是一种宗教性的原始礼仪巫术,进入阶级社会之后,统治者对之进行改造,把它融入了统治秩序(所谓周公“制礼作乐”就是指这一改造工作)。到了春秋时代,统治秩序发生变动,产生了许多对礼乐的新解释,孔子的特异之处就在于把礼乐与具体的仪式明确区分开来,而把前者界定为一种合乎大道的社会规范。

17.12 子曰:“色厉而内荏,譬诸小人,其犹穿窬之盗也与[①]?”

【注释】

①穿窬:钻墙洞。一说,穿是指钻洞;窬通“逾”,指翻墙。

【译文】

孔子说:“神色严厉而内心虚弱,用小人来作比喻,大概就像钻墙洞的盗贼吧!”

【段意】

孔子的意思是说,色厉内荏的人就像小人一样。小人虽然不一定做坏事,但内心却像是“钻墙洞的盗贼”那样很惶恐,行为鬼鬼祟祟,总担心有什么东西被人看破似的。心地不正,行为自然不会大方。

17.13 子曰:“乡愿,德之贼也。”

【译文】

孔子说:“乡里的好好先生,是损害德行的人。”

【段意】

好好先生看起来没有劣迹,但他对于他人行为的好坏不表示态度,客观上损害了美德而助长了恶行,而且这种人又容易得到人们的称许。孔子因此对这种不讲原则的人深恶痛绝。在《孟子·尽心》篇中,对孔子的这一观点有阐述,可参看。

17.14 子曰:“道听而途说,德之弃也。”

【译文】

孔子说:“道听途说,是遗弃德行。”

【段意】

道听途说,听到的东西不一定准确,再据以传播可能又有误差。这不是一种老老实实的态度,所以孔子认为是“遗弃德行”。

17.15 子曰:“鄙夫可与事君也与哉?其未得之也,患不得之[①];既得之,患失之。苟患失之,无所不至矣。”

【注释】

①患不得之：原无“不”，刘宝楠《正义》引《荀子·子道》、《潜夫论·爱日》称原当作“患不得之”，据补。

【译文】

孔子说：“鄙陋的家伙能和他一起事奉国君吗？他在尚未得到时担忧得不到，已经得到了又担忧失去。倘若担忧失去，什么事都会干得出来。”

【段意】

对名位、富贵之类的东西患得患失，就杂有私心在内，处事不能公正。这样的人是显然不能一起共谋国家大事的。

17.16　子曰：“古者民有三疾，今也或是之亡也。古之狂也肆[①]，今之狂也荡；古之矜也廉[②]，今之矜也忿戾；古之愚也直，今之愚也诈而已矣。”

【注释】

①肆：朱熹《集注》云：“谓不拘小节。”　②廉：朱熹《集注》云：“谓棱角峭厉。”

【译文】

孔子说：“古时候民众有三项缺点，现在恐怕连这些缺点都没有了。古时候的狂不拘小节，现在的狂放荡无礼；古时候的矜持方正峭厉，现在的矜持蛮横胡闹；古时候的愚昧正直，现在的愚昧只是欺诈而已。”

【段意】

此章是感叹当时道德水准的下降。

17.17　子曰：“巧言令色，鲜矣仁。”

【译文】

孔子说：“花言巧语、仪容伪善，仁就不多了。”

【段意】

此章已见于本书《学而》篇。

17.18　子曰：“恶紫之夺朱也，恶郑声之乱雅乐也，恶利口之覆邦家者。”

【译文】

孔子说:“我憎恨紫色排挤了大红色,憎恨郑地的歌曲扰乱了典雅的音乐,憎恨巧嘴利舌颠覆了国家与世族的人。”

【段意】

孔子之所以憎恨,是因为这些似是而非的东西扰乱了人们的是非标准,排挤了正确的事物。

17.19 子曰:“予欲无言。”

子贡曰:“子如不言,则小子何述焉?”

子曰:“天何言哉?四时行焉,百物生焉,天何言哉?”

【译文】

孔子说:“我想不说话了。”

子贡说:“老师如果不说话,我们这些后生传述什么呢?”

孔子说:“上天说了什么呢?四季运行,万物生长,上天说什么呢?”

【段意】

孔子的意思是说,对于人要“听其言而观其行”,向有德行的人学习,不仅要通过他的言谈,更重要是从具体的行为来学。朱熹说:“圣人一动一静,莫非妙道精义之发。”(《集注》)美国汉学家顾立雅(H. G. Creel)认为,此章与道家的思想接近,可能不是孔子的言论(《CONFUCIUS AND THE CHINESE WAY》)。

17.20 孺悲欲见孔子①,孔子辞以疾。将命者出户,取瑟而歌,使之闻之。

【注释】

①孺悲:鲁国人,据《礼记·杂记》记载,鲁哀公曾派他向孔子学习丧礼。

【译文】

孺悲想见孔子,孔子推托得了病。传话的人出了房门,孔子取来瑟弹唱,让孺悲听见。

【段意】

孺悲可能在什么地方得罪了孔子,所以孔子不想见他。但这一章中孔子的行为有点近乎儿戏,清代学者崔述认为,像这样的行为在《论语》全书中仅此一见,“未可以尽信也。或当日曾有辞孺悲见之事,而传之者增益之以失其真。”(《洙泗考信录》卷四)

17.21　宰我问:"三年之丧,期已久矣！君子三年不为礼,礼必坏;三年不为乐,乐必崩。旧谷既没,新谷既升,钻燧改火①,期可已矣。"

子曰:"食夫稻,衣夫锦②,于女安乎?"

曰:"安。"

"女安则为之！夫君子之居丧,食旨不甘,闻乐不乐,居处不安③,故不为也。今女安,则为之!"

宰我出,子曰:"予之不仁也！子生三年,然后免于父母之怀。夫三年之丧,天下之通丧也,予也有三年之爱于其父母乎!"

【注释】

①钻燧改火:古人用钻木(钻)、聚焦阳光(燧)的方法取火,不同的季节用于引火的木料不一样。所以,在季节改换时,要举行一定的仪式,称为"改火"。此指年月轮回。　②食夫稻,衣夫锦:古代守丧,必须穿专门的丧服,吃粗糙的食物,以表示内心的悲哀。　③居处不安:古代守丧,必须住在临时搭建的草棚里,睡在草铺上、枕着土块睡觉。

【译文】

宰我问道:"守丧三年,时间太久了吧！君子三年不去习礼,礼必定会荒废;三年不去习乐,乐必定会败坏。陈米已经吃完,新谷已经上场,过了一年,时间也够了。"

孔子说:"吃着那稻米,穿着那锦绣,你心安吗?"

宰我说:"心安。"

孔子说:"你心安,就去做吧！君子在守丧时,吃美味的食物不可口,听到音乐不快乐,住在家里不觉得舒适,所以不去做。现在你心安,就去做吧!"

宰我退了出去,孔子说:"宰我不仁啊！子女出生三年,才能脱离父母的怀抱。守丧三年,是天下通行的丧期,宰我给了他父母三年的爱吗?"

【段意】

此章是讨论守丧三年的问题。"三年之丧"原是一项渊源有自的礼制,并非出于孔子首创,但孔子在继承时对之进行了新的解释。孔子认为,"三年之丧"不是一种外在的约束,而是出于子女之爱的情理。这样,孔子就把原来的强制性规定,提升为基于生活的自觉理念:把宗教性的神秘化,转化为人之常情,与伦理规范、心理欲求融为一体;把对于神的盲从,变为对人性、对自己的服从。这样,就使礼具有了更普遍的可接受性和付诸实践的有效性。李泽厚认为,这一点"正是仁学思想和儒学文化的关键所在”,“在中国古代思想史上具有划时代的意义”(《中国古代思想史论·孔子再评价》)。

17.22 子曰:“饱食终日,无所用心,难矣哉!不有博弈者乎[1]?为之犹贤乎已。”

【注释】

①博:六博,古代一种棋类游戏,盛行于先秦两汉,今已失传。弈:即现在的围棋。

【译文】

孔子说:“整天吃得饱饱的,一点不动脑筋,真难以教诲啊!不是有六博、弈棋吗?去弄弄也比闲着好。”

【段意】

此章是针对不学习的人来说的。孔子并非主张人们去学下棋,而是说,与其整天无所用心,还不如去学下棋呢!

17.23 子路曰:“君子尚勇乎?”

子曰:“君子义以为上。君子有勇而无义为乱,小人有勇而无义为盗。”

【译文】

子路说:“君子崇尚勇吗?”

孔子说:“君子把义作为最高准则。君子有勇无义会闹出乱子,小人有勇无义就做盗贼。”

【段意】

子路好勇,所以提出君子是否崇尚勇的问题。孔子告诫他,勇要以义来加以指导。

17.24 子贡曰:“君子亦有恶乎?”子曰:“有恶。恶称人之恶者,恶居下而讪上者[1],恶勇而无礼者,恶果敢而窒者[2]。”

曰:“赐也亦有恶乎?”“恶徼以为知者[3],恶不孙以为勇者,恶讦以为直者。”

【注释】

①下:原作“下流”,刘宝楠《正义》认为“流”是衍文,据删。 ②窒:朱熹

《集注》云:“不通也。” ③徼:孔安国注云:“抄也,抄人之意以为己有。”又,朱熹《集注》云:“伺察也。”

【译文】

子贡说:“君子也有憎恶吗?”孔子说:“有憎恶。君子憎恶称颂别人的坏处,憎恶在下者毁谤在上者,憎恶勇而无礼的人,憎恶果敢而固执的人。”

孔子说:“赐啊,你也有憎恶吗?”子贡说:“我憎恶把剽窃他人作为智的人,憎恶把不谦逊作为勇的人,憎恶把攻讦作为直的人。”

【段意】

儒家认为,仁者应该爱护他人。子贡也许因此产生了君子是否有憎恶的疑问。孔子曾经说过:“唯仁者能好人,能恶人。”(见本书《里仁》篇)也就是说,只有爱才能使人具有真正的好恶。君子既然以仁为本,就必然会对不符合仁的行为表示憎恶。孔子与子贡列举的憎恶内容,就是不符合仁的种种具体表现。

17.25 子曰:“唯女子与小人为难养也,近之则不孙,远之则怨。”

【译文】

孔子说:“女子和小人可算是难以护养了,亲近了就放肆,疏远了就抱怨。”

【段意】

此章所说,在当时有合乎实情的一面。这一章引起后人诟病的,是其中所反映的轻视妇女倾向。对此,我们可以从以下几个方面来理解。其一,孔子此处所说的“女子和小人”恐怕不一定是泛指,朱熹释之为家中的仆役婢妾(《集注》),可备一说。其二,正如邢昺《疏》所说:“此言女子,举其大率(大概)耳。若其禀性贤明若文母(周文王的母亲)之类,则非所论也。”其三,孔子所说的重点是小人,女子不过借以作比喻。

17.26 子曰:“年四十而见恶焉,其终也已。”

【译文】

孔子说:“到了四十岁还被人厌恶,这辈子就没希望了。”

【段意】

孔子认为,四十岁是不惑之年(见本书《为政》篇)。在这样的年龄还被人厌恶,说明在德行上还有很大的差距,成就功业的希望当然就渺茫了。

微子第十八

18.1　微子去之①，箕子为之奴②，比干谏而死③。

孔子曰："殷有三仁焉。"

【注释】

①微子：名启，商王武乙的长子。据《史记·殷本纪》记载，他与纣王是异母兄弟。因为纣王是嫡子，所以得以继承王位。纣王统治末年，"淫乱不止，微子数谏不听，乃与大师、少师谋，遂去"。商亡后，他向周朝投降，后来被封为诸侯，即宋国。　②箕子：商纣王的叔父，曾多次劝谏纣王，因不被采纳而佯装发狂避祸，被纣王囚禁。周武王灭商后将他释放。　③比干：商纣王的叔父，相传曾多次劝谏纣王，被剖心而死。

【译文】

微子丢下了职位，箕子成了奴隶，比干进谏身亡。

孔子说："殷代有三位仁人。"

【段意】

孔子的意思是说，这三个人的行为虽然不同，但他们都以自己的方式践行了仁道，所以都可以算得上是仁人。

18.2　柳下惠为士师，三黜。人曰："子未可以去乎？"曰："直道而事人，焉往而不三黜？枉道而事人，何必去父母之邦？"

【译文】

柳下惠担任士师，多次被罢免。有人说："你不能离去吗？"柳下惠说："以正直的作为来事奉他人，到哪里不多次被罢免呢？以歪门邪道来事奉他人，何必要离开生我养我的国家呢？"

【段意】

柳下惠是儒家很推崇的仁人君子，此章记载了他坚守节操的事迹。此章与孔子或孔子的弟子没有直接的关联,有人认为,它可能不是《论语》的原文;朱熹《集注》引胡氏说认为,这一章的孔子"断语"在流传中散失了。

18.3 齐景公待孔子曰:"若季氏,则吾不能。"以季、孟之间待之,曰:"吾老矣,不能用也。"孔子行。

【译文】

齐景公接待孔子时说:"像鲁国重用季氏那样,我做不到。"于是就用次于季氏、高于孟氏的待遇来接待孔子,并说:"我老了,没有什么作为了。"孔子就离开了齐国。

【段意】

此章记载孔子是如何离开齐国的。从文意上看来,孔子离去的原因不是因为礼数不周到,而是因为齐景公不能施行孔子的主张。在《孟子·万章》篇中,只提到孔子离开齐国、鲁国的不同态度,没有讲孔子离开齐国的原因。清代学者崔述因而认为此章所记不一定可靠,并举出以下理由:其一,孔子这次到齐国是在鲁昭公二十五年(前517),"景公是时年仅四五十岁,其后复在位二十余年",不应当自称"吾老矣,不能用也";其二,孔子当时还没有当上鲁国的代理司寇,地位、声望并不很高,只是个三十五岁左右的士人,齐景公并非明君,不可能想到以地位显赫的季氏来与孔子相比(《洙泗考信录》卷一)。

18.4 齐人归女乐,季桓子受之①,三日不朝,孔子行。

【注释】

①季桓子:季平子的儿子,名斯。

【译文】

齐人赠送善舞的美女,季桓子接受了,一连几天没有上朝,孔子就离开了。

【段意】

此章是记载孔子如何离开鲁国的。据《史记·鲁世家》和《孔子世家》,孔子这次离开鲁国是在鲁定公十四年(前496)。清代学者崔述认为,孔子这次离去是因为执政者不信用孔子,孔子不愿意尸位素餐,所以主动离职。此事在《孟子·告子》篇有记载:"孔子为鲁司寇,不用,从而祭,燔肉(参加祭祀者应分得的祭肉)不至,不税冕(换下礼服)而行。不知者以为为肉也,其知者以为为无礼也。乃孔子则欲以微罪行,不欲为苟去。君子之所为,众人固不识也。"至于齐人赠送美女云云,"似秦、汉以后诈伪人之所为,不类春秋时事"(《洙泗考信录》卷二)。

18.5 楚狂接舆歌而过孔子曰①:"凤兮凤兮,何德之衰? 往者不可谏,来者犹可追。已而已而②,今之从政者殆而!"

孔子下,欲与之言,趋而辟之,不得与之言。

【注释】

①楚狂接舆歌:孔安国注云:"佯狂而来歌,欲以感切孔子。" ②已而已而:郑玄注说,这个句子是古文本的读法,鲁《论》则作"期斯已矣",意思是说出仕的时机已经过去了。

【译文】

楚国的狂人接舆唱着歌走过孔子身边说:"凤凰啊凤凰,你的德行为何衰微了? 过去的不能挽回,未来的还能补救。算了算了,现在的执政者无可救药!"

孔子走下车来想和他说话,他却快步避开了,孔子没能和他说上话。

【段意】

据《史记·孔子世家》,这是孔子在楚国时发生的事。古时候认为,凤凰是一种有德行的禽鸟,它在天下太平时出现,而在乱世时隐藏不出。楚狂人把凤凰比作孔子,意思是说,现在是乱世,你为什么还要寻求出仕呢? 难道凤凰的德行衰微了吗? 现在避世隐居,还来得及。有人认为,此章及以下的三章与道家的思想接近,可能出于后人的附会,不是孔子的言论。

18.6 长沮、桀溺耦而耕①,孔子过之,使子路问津焉②。

长沮曰:"夫执舆者为谁③?"子路曰:"为孔丘。"

曰:"是鲁孔丘与?"曰:"是也。"

曰:"是知津矣。"

问于桀溺,桀溺曰:"子为谁?"曰:"为仲由。"

曰:"是鲁孔丘之徒与?"对曰:"然。"

曰:"滔滔者天下皆是也,而谁以易之? 且而与其从辟人之士也,岂若从辟世之士哉?"耰而不辍④。

子路行以告,夫子怃然曰:"鸟兽不可与同群,吾非斯人之徒与而谁与? 天下有道,丘不与易也。"

【注释】

①耦而耕:前人对此的解释很多,最通行的说法是,这是一种以人力合作翻土的耕作方式。孙诒让《周礼正义》说它仅是指二人在一起耕作的意思,较为平直,译文即从此说。 ②津:渡口。 ③执舆:朱熹《集注》云:"执辔在车也。盖

本子路执辔在车，今下问津，故夫子代之也。” ④耰（yōu 忧）：种子洒下后，耙土覆盖，以防鸟类啄食。辍（chuò 绰）：停止。

【译文】

长沮、桀溺并排耕地，孔子经过那儿，叫子路去询问过渡的地方。

长沮说：“那个驾车的人是谁啊？”子路说：“是孔丘。”

长沮说：“是鲁国的孔丘吗？”子路说：“是的。”

长沮说：“他知道过渡的地方。”

子路去问桀溺，桀溺说：“你是谁？”子路说：“是仲由。”

桀溺说：“是鲁国孔丘的门徒吗？”子路答道：“是的。”

桀溺说：“滔滔的洪水到处都是，谁能改变它呢？你与其跟随躲避世人的人，何不跟随躲避世道的人呢？”说完，不停手地耙土覆种。

子路回来把这些话告诉孔子，孔子茫然自失地说：“鸟兽是不能合群共处的，我辈不和世人相处，又和谁待在一起呢？天下清平，我就不会去改变它了。”

【段意】

据《史记·孔子世家》，此章与下一章都是孔子从楚国返回蔡国途中的事（钱穆《孔子传》则认为，本章之事发生在孔子离开陈国去蔡国的途中）。其含义与上一章基本相同。

18.7 子路从而后，遇丈人，以杖荷莜①。子路问曰：“子见夫子乎？”

丈人曰：“四体不勤，五谷不分，孰为夫子？”植其杖而芸②，子路拱而立。止子路宿，杀鸡为黍而食之③，见其二子焉。

明日，子路行以告，子曰：“隐者也。”使子路反见之，至则行矣。

子路曰：“不仕无义。长幼之节不可废也，君臣之义如之何其废之？欲洁其身而乱大伦。君子之仕也，行其义也，道之不行已知之矣。”

【注释】

①莜（diào 钓）：古代除草的农具。 ②芸：锄草。 ③黍：黏性的黄米。

【译文】

子路跟着孔子赶路，落在了后面，遇见一位老人，用拐杖担着锄草的农具。子路问道：“老丈见到夫子吗？”

老人说：“四体不勤，五谷不分，谁是夫子？”说完插下拐杖去除草，子路拱着手站在一边。老人留子路住宿,杀鸡做饭给他吃,并让自己的二个儿子与子路相见。

第二天,子路赶上去把这些话告诉了孔子,孔子说:"是隐者啊!"让子路返回去见他,到了那里老人已经离开了。

子路说:"不出仕是不合乎义的。长幼之间的节度尚且不能废弃,君臣之间的大义怎么能废弃呢?要想洁净自身却扰乱了大的伦理关系。君子的出仕,是履行君臣之间的大义,主张不能实行是早就明白的。"

【段意】

孔子在"天下无道"的社会状况下,东奔西走、苦心竭力推行自己主张的行为,当时有许多人是不理解的,此章最后子路的话表明,连孔子的弟子对这个问题也有不同看法。由此,更可体会到孔子的艰难处境。朱熹说:他在福州曾看到过宋代初年的手抄本,最后那段话是子路回来后孔子对他说的(《集注》)。而清代学者崔述则认为,把"行义"与"行道"分开来谈,不符合孔子的一贯主张,故而此章"恐系后人之所伪托"(《洙泗考信录》卷三)。

18.8　逸民[1]:伯夷、叔齐、虞仲、夷逸、朱张、柳下惠、少连。

子曰:"不降其志,不辱其身,伯夷、叔齐与!"谓柳下惠、少连"降志辱身矣,言中伦,行中虑,其斯而已矣";谓虞仲、夷逸"隐居放言,身中清,废中权[2]。我则异于是,无可无不可。"

【注释】

①逸民:《汉书·律历志》颜师古注云:"谓有德而隐处者。"此处提到的一些人,生平、行事多不可考。　②废中权:朱熹《集注》云:"放言自废,合乎道之权。"

【译文】

隐逸的人有:伯夷、叔齐、虞仲、夷逸、朱张、柳下惠、少连。

孔子说:"不降低自己的志向,不污辱自己的身分,是伯夷、叔齐吧!"说柳下惠、少连是"降低了自己的志向、污辱了自己的身分,但言谈合乎法度,行为经过思虑,仅此而已";说虞仲、夷逸是"隐居而放肆直言,行为廉洁,废弃自我合乎权变。我和他们都不一样,无可无不可。"

【段意】

此章是谈论隐居避世的贤者们的德行。孔子认为,他们都各自持守一项德行,而自己则与他们不一样。孔子此处所谓的"无可无不可",按《孟子·公孙丑》篇的说法,是"可以仕则仕,可以止则止,可以久则久,可以速则速"的意思。

18.9 大师挚适齐，亚饭干适楚[①]，三饭缭适蔡，四饭缺适秦，鼓方叔入于河[②]，播鼗武入于汉[③]，少阳师、击磬襄入于海。

【注释】

①亚饭：朱熹《集注》云："亚饭以下，皆以乐侑食之官。"古代贵族进餐都要奏乐，称侑食。 ②河：指河内，即黄河以北的晋国。 ③汉：朱熹《集注》认为指汉中。

【译文】

太师挚去了齐国，二饭乐师干去了楚国，三饭乐师缭去了蔡国，四饭乐师缺去了秦国，鼓师方叔到了河内，摇鼗的乐师武到了汉中，少师阳、击磬的乐师襄到了海滨。

【段意】

此章与以下的两章，和孔子及其弟子无关，可能不是《论语》原有的内容。这一章中提到的那些人，都是鲁国的乐官，他们离开鲁国，说明鲁国的国政在三桓的把持下"礼崩乐坏"。

18.10 周公谓鲁公曰："君子不施其亲[①]，不使大臣怨乎不以，故旧无大故则不弃也，无求备于一人。"

【注释】

①施：同"弛"。

【译文】

周公对鲁公说："君子不怠慢自己的亲属，不让大臣抱怨不被重用，故臣旧属没有大的过错不要舍弃，不要对一个人求全责备。"

【段意】

这段话很像是伯禽前往鲁国（据《史记·鲁国公世家》，西周初年，周公被封于鲁，由于他要留在朝廷辅佐周王，不能亲自治理封国，所以周王特别命令由他的儿子伯禽代替他去鲁国就封）时周公对他的训诫。朱熹《集注》引胡氏说认为，孔子曾用这段鲁人久为传诵的话来教导过门徒，所以它被收录在《论语》中。

18.11 周有八士：伯达、伯适、仲突、仲忽、叔夜、叔夏、季随、季騧。

【译文】

周代有八位贤士：伯达、伯适、仲突、仲忽、叔夜、叔夏、季随、季騧。

【段意】

这里所说的八位贤士，生平、行事已不可考，朱熹《集注》认为他们可能是周宣王或周成王时候的人，“盖一母四乳而生八子也”。

子张第十九

19.1　子张曰："士见危致命，见得思义，祭思敬，丧思哀，其可已矣。"

【译文】

子张说："士人遇到危难献出生命，遇到得益考虑大义，祭祀时考虑恭敬，守丧时考虑哀伤，那就行了。"

【段意】

此章讲士人应有的德行，朱熹说："四者立身之大节，一有不至则余无足观。"(《集注》)本篇所记的都是孔门弟子的言论，以子夏为最多，其次是子贡，朱熹认为："盖孔门自颜子以下，颖悟莫若子贡；自曾子以下，笃实无若子夏，故特记之详焉。"(同上)

19.2　子张曰："执德不弘，信道不笃，焉能为有？焉能为亡？"

【译文】

子张说："持守德行而不光大，信奉大道而不笃实，这样的人怎能算他存在？又怎能算他不存在？"

【段意】

子张的这番话主要是对初入门的学生来说的。对于自己信奉的东西如果没有坚定的信念，就不能进到更高的境界，永远处于可有可无的水平上。

19.3　子夏之门人问交于子张，子张曰："子夏云何？"

对曰："子夏曰：'可者与之，其不可者拒之。'"

子张曰："异乎吾所闻。君子尊贤而容众，嘉善而矜不能。我之大贤与，于人何所不容？我之不贤与，人将拒我，如之何其拒人也？"

【译文】

子夏的门徒向子张询问交往,子张说:“子夏是怎么说的?”

门徒答道:“子夏说:‘能交往的就结交,不能交往的就拒绝。’”

子张说:“我所听说的与这不一样。君子尊重贤明,但容纳众人;赞美善行,但怜惜缺乏能力的人。我如果很贤明,有什么不能容纳别人的呢?我如果不贤明,别人将拒绝我,我又怎么去拒绝别人呢?”

【段意】

此章谈交友之道,从子夏与子张的话语中可以看出,他们两人的主张并不一致。子夏的态度固然偏狭,但子张的态度也失之过激。仁人君子有教化世人的使命,与人交往显然不能以好恶为取舍,但也并非来者不拒。因为孔子说过,有三种朋友是有害的(见本书《季氏》篇益者三友章)。

19.4 子夏曰:“虽小道必有可观者焉①,致远恐泥②,是以君子不为也。”

【注释】

①小道:朱熹《集注》云:“谓农圃医卜之属。” ②泥:妨碍。朱熹《集注》认为是“不通”的意思,并引杨氏说释“致远恐泥”云:“皆有所明而不能相通。”

【译文】

子夏说:“即使是小技能也必定有可取的地方,因为怕妨碍远大的事业,所以君子不去从事。”

【段意】

此章是说,君子之所以不去从事小技能,并非看不起它们,而是怕妨碍更重大的东西。以儒家的观点看来,君子的使命重大,自然不能面面俱到。

19.5 子夏曰:“日知其所亡,月无忘其所能,可谓好学也已矣。”

【译文】

子夏说:“每天知道所未知的,每月不遗忘所学得的,可以称为好学了。”

【段意】

子夏的这段话,与孔子所说的“温故而知新”是一个意思。

19.6 子夏曰:“博学而笃志,切问而近思,仁在其中矣。”

【译文】

子夏说："学识广博，志向坚定，急迫地钻研，切实地思考，仁就在其中了。"

【段意】

此章是讲成就仁道的途径，其要点在于"切问而近思"。所谓"近思"，按程颐的解释是指"以类而推"(《集注》)，也就是循序渐进地去把握大道。朱熹与吕祖谦编纂的宋代理学家言行录即据以题名为《近思录》。吕祖谦为此书的题词中有一段话对"近思"的阐述更为详尽："若乃厌卑近而骛高远，躐等凌节，流于空虚，迄无所依据，则岂所谓近思者耶？"宋代理学家程颐指出，为什么做到了这些"仁在其中"，"学者要思得之，了此，便是彻上彻下之道。"(朱熹《集注》引)。

19.7　子夏曰："百工居肆以成其事①，君子学以致其道②。"

【注释】

①肆：工场，朱熹《集注》云："谓官府造作之处。"　②致：达到、获得。朱熹认为，此处的"致"是极尽的意思。

【译文】

子夏说："匠师们在工场里成就自己的工作，君子通过学习来达到自己的大道。"

【段意】

此章以匠师的工作为喻，形象地说明学习对于君子成就大道的重要性。朱熹《集注》引尹氏说云："百工居肆必务成其事，君子之于学可不知所务哉？"

19.8　子夏曰："小人之过也必文。"

【译文】

子夏说："小人对于自己的过错必定加以掩饰。"

【段意】

小人不承认有过错、不愿意改正过错，所以必然要掩饰它们。

19.9　子夏曰："君子有三变，望之俨然，即之也温，听其言也厉。"

【译文】

子夏说："君子有三种变化，远望神态庄严，来到面前温和可亲，听他的说话严厉不苟。"

【段意】

此章是讲君子的形貌和处事。所谓“三种变化”，并非君子本身有此变化，而是从交往者与君子关系逐渐接近的角度来说的。

19.10 子夏曰：“君子信而后劳其民，未信则以为厉己也；信而后谏，未信则以为谤己也。”

【译文】

子夏说：“君子得到信任才劳动他的民众，没有得到信任，民众就会以为是苛待他们；得到信任才劝谏，没有得到信任，君主就会以为是毁谤自己。”

【段意】

此章是说，君子要有所作为，必须得到充分的信任。这对于君子及要使用君子的执政者都有启发性。就君子来说，应该以诚待人；就执政者来说，必须对君子给予信任。

19.11 子夏曰：“大德不逾闲，小德出入可也。”

【译文】

子夏说：“大的操行不超越界限，小的操行有所出入没有关系。”

【段意】

此章是说，德行的修养要注意大的方面，首先要确立大德，处事时也要注重大德。“小德出入可也”是就它与大德的比较而言，并非说可以忽视小德。朱熹《集注》引吴氏说指出：“此章之言不能无弊，学者详之。”

19.12 子游曰：“子夏之门人小子，当洒扫、应对进退则可矣。抑末也，本之则无，如之何？”

子夏闻之，曰：“噫，言游过矣！君子之道，孰先传焉，孰后倦焉[①]，譬诸草木，区以别矣。君子之道焉可诬也？有始有卒者，其惟圣人乎！”

【注释】

①倦：朱熹《集注》云：“如诲人不倦之倦。”意思是放在后面。

【译文】

子游说：“子夏门下的后生，担任打扫卫生、接待客人之类的事是可以的。不过这只是末节，根坻却没有，怎么行呢？”

子夏听到后说："唉，子游错了！君子的大道，哪些先传授、哪些后讲述，以草木来作比喻，是区分为各种门类的。但君子的大道怎么可以歪曲呢？能有始有终的，大概只有圣人吧！"

【段意】

此章所说的是学习的循序渐进问题。宋代理学家程颐指出："君子教人有序，先传以小者、近者，而后教以大者、远者。非先传以近、小，而后不教以远、大。"（朱熹《集注》引）也就是说，学习修德必须先从浅近的事情开始，有步骤的一步步深入，才能成就大道。子游的错误就在于，他否认入门的浅近阶段的必要性，而把它们斥之为"末节"。子游一派的门人后来成为"无廉耻而嗜饮食，必曰'君子固不用力'"的"贱儒"（《荀子·非十二子》），与此不无关系。

19.13 子夏曰："仕而优则学，学而优则仕。"

【译文】

子夏说："出仕而有余力的就学习，学习而有余力的就出仕。"

【段意】

这段话颇有影响，人们对它也比较熟悉，但所理解的含义却仅偏于后半句。朱熹对这段话的解释是："仕与学理同而事异，故当其事者，必先有以尽其事，而后可及其余。然仕而学，则所以资其仕者益深；学而仕，则所以验其学者益广。"（《集注》）

19.14 子游曰："丧致乎哀而止。"

【译文】

子游说："丧事表达了悲哀就行了。"

【段意】

儒家所主张的"礼"，包括具体的仪式、使用的器物及内涵的礼意三个方面。这三者既相互关联，又各有侧重。大体来说，礼意是基本的，而仪式、器物都取决于礼意。子游的这句话就是强调礼意的重要性。但是，仪式、器物并非是纯粹消极的，它们又是礼意的具体表现。因此，朱熹认为，子游的话有局限性，"'而止'二字，亦微有过于高远而简略细微之弊，学者详之。"（《集注》）

19.15 子游曰："吾友张也为难能也，然而未仁。"

【译文】

子游说："我的朋友子张真是难能可贵，但尚未达到仁。"

【段意】

此章与下一章都是对子张的评论。子张有偏颇的缺点(见本书《先进》篇),这与中庸的仁德是违背的。

19.16 曾子曰:"堂堂乎张也,难与并为仁矣。"

【译文】

曾子说:"仪表堂堂的子张啊,难以与他一起做到仁。"

【段意】

孔子在评论门徒曾说,曾参迟钝、子张偏颇(见本书《先进》篇柴也愚章)。迟钝偏于内向,偏颇偏于外向,比较而言,迟钝更接近于仁。《荀子·非十二子》篇中提到:"弟佗(歪斜)其冠,冲淡(淡薄无味)其辞,禹行而舜趋(走路歪歪斜斜),是子张氏之贱儒也。"因此,这里所谓的"仪表堂堂",恐怕是反话。

19.17 曾子曰:"吾闻诸夫子,人未有自致者也①,必也亲丧乎!"

【注释】

①自致:朱熹《集注》云:"尽其极也。"

【译文】

曾子说:"我听夫子说,人没有自动竭诚的事,要是有,那一定是父母亲的丧事!"

【段意】

所谓"自致",也就是流露真情。此章实际上是阐述"诚"的自然性。儒家很强调他们所提出的伦理范畴的自然性,他们多次提到,儒家主张的伦理要求从根本上说在每个人的本性中都已先天存在,修养的作用只是保持、发展这些先天的东西,或去除后天对它们的压抑与污染。

19.18 曾子曰:"吾闻诸夫子,孟庄之孝也①,其他可能也,其不改父之臣与父之政,是难能也。"

【注释】

①孟庄:鲁国大夫孟献子之子,名速,庄是他的谥号。

【译文】

曾子说:"我听夫子说,孟庄子的孝,别的方面都能做到,但不更改父亲的臣属与父亲的政措，却是难以做到的。”

【段意】

此章是讲“孝”。孟庄子在父亲去世后继续任用父亲信任的臣属，执行父亲制定的政措。在社会基本没有变动的古代，知识与经验几乎没有更新，因此，尊重老人包含有继承他们知识与经验的含义在内。尤其在书写、传播工具很不发达的原始时代，它的意义更为重大。从这个角度来理解，儒家所提倡的那一套“孝道”在特定的社会条件下有其合理性。

19.19 孟氏使阳肤为士师①，问于曾子，曾子曰：“上失其道，民散久矣。如得其情，则哀矜而勿喜！”

【注释】

①阳肤：曾子的弟子。士师：管理司法的官职。

【译文】

孟孙氏让阳肤担任士师，阳肤向曾子求教，曾子说：“在上者失去了自己的准则，民众离散很久了。你如果得知他们的实情，要同情、可怜他们，不要沾沾自喜。”

【段意】

曾子的意思是说，法律对于社会的治理来说，不是唯一和根本的手段，教化民众才是最基本的。

19.20 子贡曰：“纣之不善①，不如是之甚也。是以君子恶居下流②，天下之恶皆归焉。”

【注释】

①纣：商朝的末代国君。 ②下流：朱熹《集注》云：“地形卑下之处，众流之所归。”

【译文】

子贡说：“殷纣王不好的地方，不如人们所说的那么厉害。所以君子厌恶处于下等品类，否则普天之下的坏事都会归到身上来。”

【段意】

这一章的道理很值得玩味。在一个以伦理为本位的社会中，好的事情会附会到德行高尚者的身上，坏的事情会附会到德行低下者的身上。这样，好的愈好，以致好到不近人情的地步；而坏的愈坏，乃至头顶生疮、脚底流脓。殷纣王就是一个明显的例子。据顾颉刚《纣恶七十事的发生次第》（载《古史辨》第二集）的考证，在周代文献中,纣只是个酗酒的糊涂人;到了春秋战国之际,他的罪名"骤然加增得很多,而且都是很具体的事实"。从这一点推开去,还可以认识到,儒家所讲述的历史都是伦理化的"历史",不仅桀、纣那些独夫的坏处不如他们所讲的那么厉害,而且尧、舜之类圣人的好处也不如他们所讲的那么厉害。

19.21 子贡曰:"君子之过也,如日月之食焉。过也人皆见,更也人皆仰之。"

【译文】

子贡说:"君子的过错,就如同日蚀、月蚀。有过错时人人都见到,改正时人人都敬仰。"

【段意】

此章是说,君子要勇于改正自己的过错。

19.22 卫公孙朝问于子贡曰[①]:"仲尼焉学?"

子贡曰:"文武之道未坠于地,在人[②]。贤者识其大者,不贤者识其小者,莫不有文武之道焉。夫子焉不学?而亦何常师之有?"

【注释】

①公孙朝:卫国的大夫。春秋时代有好几个名叫公孙朝的人,所以记录这一章的人就特别在人名前加"卫"作为区别。 ②在人:朱熹《集注》云:"言人有能记之者。"

【译文】

卫国的公孙朝询问子贡说:"仲尼先生学习什么?"

子贡说:"文王、武王的大道并没有崩坏,还在人世间。贤者认识它大的方面,不贤者认识它小的方面,无处不具有文王、武王的大道。夫子什么不学习呢?又为何要有一定的师承呢?"

【段意】

此章既颂扬了孔子的好学,又点明了孔子学问的精髓是"文王之道"。

19.23 叔孙武叔语大夫于朝曰[①]:"子贡贤于仲尼。"

子服景伯以告子贡,子贡曰:"譬之宫墙,赐之墙也及肩,窥见室家之好;夫子之墙数仞[②],不得其门而入,不见宗庙之美、百官之富[③]。得其门者或寡矣,夫子之云不亦宜乎!"

【注释】

①叔孙武叔:鲁国的大夫,名州仇,武是他的谥号。 ②仞:古代的量度单位,等于七尺(约相当于现在的1.6米)。 ③官:此指房屋。

【译文】

叔孙武叔在朝堂上告诉大夫们说:"子贡比仲尼强。"

子服景伯把这些话告诉了子贡,子贡说:"若以围墙来作比喻,我的墙才有肩膀那么高,能窥见房屋的美好;夫子的墙有几丈高,不找到它的门走进去,就见不到宗庙的壮观、房屋的富丽。能找到它的门的人也许不多,叔孙夫子的说法不也是很自然的吗?"

【段意】

此章是赞颂孔子学问的博大精深。

19.24 叔孙武叔毁仲尼,子贡曰:"无以为也,仲尼不可毁也。他人之贤者,丘陵也,犹可逾也;仲尼,日月也,无得而逾焉。人虽欲自绝,其何伤于日月乎?多见其不知量也。"

【译文】

叔孙武叔毁谤孔子,子贡说:"不要这样做,仲尼先生是诋毁不了的。其他人中的贤者是丘陵,还能逾越;仲尼先生的为人是日月,是不可能逾越的。即使人要自绝,对日月有什么损害呢?恰好表明他不知自我量力而已。"

【段意】

此章是颂扬孔子的德行高深。如果说,"仲尼不可毁"出自子贡之口还带有感情因素的话,那么,对于二千年后的我们来说,这已是不可否认的事实。孔子之所以"不可毁",并非指他的学说毫无缺点,而是说像这样一位对于民族文化传统具有重大影响的人物,是不可能也不应该简单加以否定或废弃的。

19.25 陈子禽谓子贡曰[①]:"子为恭也,仲尼岂贤于子乎?"

子贡曰:"君子一言以为知,一言以为不知,言不可不慎也。夫子之不可及也,犹天之不可阶而升也。夫子之得邦家者,所谓立之斯立,道之斯行,绥之斯来[②],动之斯和。其生也荣,其死也哀,如之何其可及也?"

【注释】

①陈子禽:即陈亢。 ②绥:安抚。

【译文】

陈子禽对子贡说:“你做得太谦恭了,仲尼难道比你强吗?”

子贡说:“君子能由一句话表现出他的明智,能由一句话表现出他的不明智,所以言语不可以不谨慎。夫子的不可企及,犹如上天不能沿着台阶爬上去一样。夫子如果获得了封国、封邑,真所谓要使人们自立就自立,引导他们就前进,安抚他们就来归附,鼓动他们就应和。他在世时誉满天下,去世后备受哀悼,怎么能及得上呢?”

【段意】

此章也是颂扬孔子的德行崇高。

尧曰第二十

20.1　尧曰:“咨①! 尔舜,天之历数在尔躬②,允执其中③。四海困穷,天禄永终。”舜亦以命禹。

曰:“予小子履④,敢用玄牡⑤,敢昭告于皇皇后帝⑥:有罪不敢赦,帝臣不蔽⑦,简在帝心⑧。朕躬有罪,无以万方;万方有罪,罪在朕躬。”

周有大赉⑨,善人是富。“虽有周亲,不如仁人。百姓有过,在予一人。”

谨权量⑩,审法度⑪,修废官⑫,四方之政行焉;兴灭国,继绝世,举逸民,天下之民归心焉。

所重:民、食、丧、祭。宽则得众,信则民任焉,敏则有功,公则说。

【注释】

①咨:感叹词,无义。　②历数:相当于现在所说的天数。　③允:得当。一说,是诚实、认真的意思。　④予小子:上古帝王自谦之辞,下文的“予一人”与此相同。履:商代开国君主汤的名字,由此可知,这段话是汤所说的。⑤玄牡:黑色的公牛。　⑥后帝:指天帝。　⑦帝臣不蔽:《墨子·兼爱下》引此句作“有善不敢蔽”,《书·汤诰》作“尔有善,朕弗敢蔽”。此处仅据字面翻译。　⑧简:简阅、考察。　⑨赉(lài 来):赐予。　⑩权量:权是量度重量的器具、衡是量度容量的器具,概指度量衡。　⑪法度:朱熹《集注》云:“礼乐制度皆是也。”　⑫废官:刘宝楠《正义》引赵佑《四书温故录》云:“或有职而无其官,或有官而不举其职,皆曰废。”

【译文】

尧说:“啊! 舜啊,上天的运数落在了你的身上,得当地把握住它的正道。如果天下都困顿穷苦,上天的禄位就会永远终止。”舜也用这番话来告诫禹。

成汤说:“在下后生履,冒昧地用黑色的公牛来明白地禀告伟大的天帝:有罪的人我不敢擅自赦免,上帝的臣属我不敢掩蔽遗漏,请上帝加以鉴察。我个人有罪,不要加罪于四方诸侯;四方诸侯有罪,责任在于我个人。”

周室得到上天的赏赐,善人得以富有。周武王说:“即使有亲近的亲属,不如有仁德的人士。百姓有过错,责任在我一人。”

慎重地确定度量衡,审察礼乐制度,恢复废弃的官职,政令就能在全国通行;复兴灭亡的国家,承续断绝的世系,举用隐逸的人才,天下的民众就会从内心归服。

应该重视民众、粮食、丧葬、祭祀。宽厚就会获得百姓,诚实就会得到民众的信任,敏捷就会有功绩,公正就会使众人悦服。

【段意】

此章所记载的都是儒家所推崇的古代贤君的言行。

20.2 子张问于孔子曰:“何如斯可以从政矣?”

子曰:“尊五美,屏四恶,斯可以从政矣。”

子张曰:“何谓五美?”

子曰:“君子惠而不费,劳而不怨,欲而不贪,泰而不骄,威而不猛。”

子张曰:“何谓惠而不费?”

子曰:“因民之所利而利之,斯不亦惠而不费乎?择可劳而劳之,又谁怨?欲仁而得仁,又焉贪?君子无众寡,无小大,无敢慢,斯不亦泰而不骄乎?君子正其衣冠,尊其瞻视,俨然人望而畏之,斯不亦威而不猛乎?”

子张曰:“何谓四恶?”

子曰:“不教而杀谓之虐;不戒视成谓之暴①;慢令致期谓之贼②;犹之与人也,出纳之吝谓之有司③。”

【注释】

①不戒视成:刘宝楠《正义》引马融说云:“不宿戒而责目前成,为视成。”②致期:朱熹《集注》云:“刻期也。”贼:朱熹《集注》云:“贼者,切害之意。缓于前而急于后,以误其民而必刑之,是贼害之也。”③有司:指官府中办理一般事务的吏员,此处是没有气派的意思。

【译文】

子张询问孔子说："怎样才能治理国政呢？"

孔子说："尊重五种美德，摒弃四种恶习，才能治理国政。"

子张说："是哪五种美德呢？"

孔子说："君子施予恩惠而不浪费，使百姓劳动而不怨恨，有欲望而不贪婪，安详而不骄傲，威严而不凶猛。"

子张说："什么叫做施予恩惠而不浪费呢？"

孔子说："就着百姓有利的地方去给他们利益，不就施予恩惠而不费力了吗？择取能够使百姓劳动的时候去劳动他们，又有谁怨恨呢？希求仁而得到了仁，还贪婪什么呢？无论多少，无论大小，君子都不敢怠慢，不就安详而不骄傲了吗？君子端正自己的衣冠，庄重自己的仪态，严肃地使人望而生畏，不就威严而不凶猛了吗？"

子张说："是哪四种恶习呢？"

孔子说："不加教诲就杀戮叫做虐；不加申饬就检视成绩叫做暴；懈怠政令却限期完成叫做贼害；同样给人东西，该给的时候却吝啬叫做小吏。"

【段意】

此章是讲治国的基本原则。此章与《阳货》篇中的用数目来概括范畴的章节类同，而与其他比较可靠章节的文体不一样，所以后世有些学者怀疑它们的可靠性（见本书《季氏》篇益者三友章）。

20.3　孔子曰："不知命无以为君子也，不知礼无以立也，不知言无以知人也。"

【译文】

孔子说："不知晓命运无法成为君子，不知晓礼仪无法处身立世，不知晓言谈无法了解别人。"

【段意】

此章讲君子立身处世的要点，"知斯三者，则君子之事备矣"（朱熹《集注》引尹氏语）。此章出于"古《论》"（指西汉时在孔壁发现的用战国文字书写的古文本《论语》），不见于汉代所传的"鲁《论》"（据《经典释文》卷二十四），也不见于东汉熹平石经中的《论语》，颇有学者怀疑它的可靠性。